les secrets
de l'arbre

Cèdre
bleu de
l'Atlas

Feuilles et fruits
de sorbier

Cône de pin
Weymouth

Glands

Pommes

Feuille de
magnolia

Cyprès de
Lambert

Saule

Noisettes

Fruits de prunier

Feuille de ginkgo

Graines de sycomore

les secrets
de l'arbre

par

David Burnie

en association avec le British Museum
(Natural History Museum), Londres

Photographies originales de Peter Chadwick,
Philip Dowell et Kim Taylor

Fruits de pommier ornemental

Cônes de pin
maritime
d'Alaska

Feuille de frêne

Champignons se
nourrissant de bois
pourri

Bois de chêne

Noisettes

Mousse sur
du bois pourri

GALLIMARD

Cônes de cyprès de Lawson

Cône de séquoia géant

Cône de pin

Feuillage
de thuya géant

Poire

Feuille d'érable
du Japon

Comité éditorial

Londres :
Carole Ash, Janice Lacock

Paris :
Christine Baker, Elisabeth de Farcy

Edition française préparée par

Serge Eyzat, Architecte-Paysagiste DPLG
Gaud Morel, Responsable de l'animation pédagogique à l'Arboretum de
Chèvreloup (Muséum national d'histoire naturelle)

Secrétariat de rédaction :
François Cazenave, Jacques Marziou

Publié sous la direction de :

Peter Kindersley,
Jean-Olivier Héron
et
Pierre Marchand

Cônes de mélèze

Feuille de
sorbier

Jeunes cônes de
pin sylvestre

ISBN 2-07-056424-X
La conception de cette collection est le fruit d'une collaboration
entre les Editions Gallimard et Dorling Kindersley.
© Dorling Kindersley Limited, Londres 1988
© Editions Gallimard Paris 1988, pour l'édition française
1er dépôt légal : septembre 1988
Dépôt légal : octobre 1991. N° d'édition : 53521
Imprimé à Singapour

Feuille d'érable à
feuille de vigne

Feuille de houx
panaché

Feuille d'osier

SOMMAIRE

Feuillage d'if

Cônes de tsuga

Feuillage de ginkgo

QUAND LES PLANTES COMMENCÈRENT À SE DRESSER

Les premières «plantes» apparues sur Terre n'étaient que des cellules microscopiques vivant dans les océans primitifs. Le seul caractère qui permette de les assimiler à des plantes était leur capacité à utiliser la lumière solaire pour se développer. C'est à partir de ces modestes débuts que l'ensemble du royaume végétal, tel que nous le connaissons aujourd'hui, a évolué. De nombreuses plantes restèrent dans l'eau, mais d'autres colonisèrent la terre. Pour y parvenir, elles acquirent les moyens de se dresser : certaines développèrent un matériau, la lignine, qui transforma leur tige en bois dur et leur permit de pousser en hauteur. Le besoin vital en lumière favorisa les grandes au détriment des petites, qui devaient survivre sous leur ombre. Ainsi apparurent des plantes à une seule tige géante : les premiers arbres. Depuis, ces arbres se sont diversifiés en de nombreuses familles. Les plus imposants d'entre eux, les séquoias géants de Californie, ou wellingtonias, pèsent jusqu'à 6 000 tonnes. Ce sont les êtres vivants les plus lourds ayant jamais existé sur Terre.

REPRÉSENTATION SCULPTÉE
Cette déesse de l'arbre a été sculptée sur un tombeau hindou, en Inde.

Une base élargie relie le tronc aux racines (pp. 18-19), qui ancrent l'arbre dans le sol

En bas du tronc, l'écorce est rugueuse et crevassée (pp. 22-23)

Branche cassée, par laquelle les champignons se développent dans le tronc

Les troncs (pp. 20-21) sont plus hauts et plus droits quand les arbres poussent proches les uns des autres

L'ARBRE DANS LA MYTHOLOGIE

A travers le monde, des sombres forêts de Scandinavie aux bois de figuiers des Banians d'Inde, les arbres ont figuré dans les anciens mythes, le folklore et les rituels. Sans doute en raison de leur taille et de leur longévité, de nombreuses religions les ont considérés comme des symboles sacrés, et certains d'entre eux sont même vénérés comme des dieux. Les Hindous, par exemple, vénèrent le banyan, alors que les druides adoraient le chêne.

CROYANCES CHRÉTIENNES
Dans la Bible, la croix sur laquelle le Christ est mort était symboliquement reliée à l'arbre de vie qui donnait la vie éternelle. Il poussait dans le jardin d'Eden, en compagnie de l'arbre de la connaissance.

LÉGENDE NORDIQUE
Dans les mythes scandinaves, Yggdrasil est un frêne imposant, peuplé d'animaux fabuleux et de géants. Il relie la Terre, le ciel et l'enfer. Il est aussi source de connaissance : le dieu Odin acquiert sa sagesse en buvant à la fontaine de ses racines.

EST-CE UN ARBRE ?
Un arbre est une grande plante à une seule tige faite de bois. Les trois principaux groupes d'arbres sont les feuillus (pp. 8-9), les conifères (pp. 10-11) et les palmiers (pp. 12-13). Il existe d'autres plantes à silhouette d'arbre : les fougères arborescentes, les cycas et les bambous géants (ci-dessus).

L'écorce devient plus lisse vers le sommet de l'arbre

Chaque printemps, à partir des bourgeons (pp. 24-25), se développent les rameaux, les feuilles et les fleurs (pp. 32-37)

Au cours de la croissance de l'arbre, chaque branche reste à la même hauteur par rapport au sol, mais grossit chaque année

LA MÉTAMORPHOSE DE DAPHNÉ
Une légende grecque raconte que, pour échapper à l'amour d'Apollon, la déesse Daphné se changea en laurier. Le laurier est encore utilisé symboliquement, comme il l'était dans la Grèce antique, comme emblème de victoire.

En été, les arbres feuillus offrent une épaisse voûte de feuilles (pp. 26-31)

LES FEUILLUS SONT SOUVENT CADUCS

Il y a 5 000 ans, avant le développement de l'agriculture, les vastes territoires d'Europe et de l'est de l'Amérique du Nord étaient couverts de forêts de feuillus. Depuis, une grande partie de cette forêt a été défrichée pour laisser place à des champs. Néanmoins il reste encore de par le monde de nombreuses zones naturelles boisées de feuillus majestueux, tels les chênes, les hêtres et les érables. On leur a donné le nom de feuillus parce que la plupart d'entre eux ont de larges feuilles plates, très différentes des aiguilles et des écailles des conifères. Tous produisent des fleurs qui, après pollinisation (pp. 32-37), donnent des graines. Ces graines sont souvent protégées, soit par une coque dure, soit par un fruit charnu. Nombreux sont les feuillus qui perdent leurs feuilles chaque automne : ils sont qualifiés de caducs (p. 46).

Érable champêtre

Jeunes glands attachés par un long pédoncule

FORÊTS DE FEUILLUS
Les forêts sont de véritables usines biologiques. Les feuilles interceptent la lumière solaire et l'utilisent pour produire l'énergie nécessaire à leur développement (p. 16). Chaque année, ces forêts produisent d'énormes quantités de bois, de feuilles, de fleurs, de fruits et de graines, le «garde-manger» de millions d'animaux sauvages, depuis les minuscules invertébrés, tels les micro-lépidoptères (p. 51), jusqu'aux grands mammifères comme les cerfs.

Chêne en hiver

Chêne en feuillage d'été

LE REPOS HIVERNAL
Sous les climats chauds, les feuillus dominent. Dans les régions plus froides, pour survivre, ils ont inventé une sorte d'«hibernation» : ils perdent leurs feuilles en hiver et se reposent jusqu'à l'arrivée du printemps.

Lichen poussant sur l'écorce

LES CHÊNES
Le chêne est l'arbre feuillu typique. Environ 600 espèces ont été différenciées à travers le monde. Certains, comme le chêne pédonculé montré ici, sont caducs, alors que d'autres sont persistants. Tous les chênes sont pollinisés par le vent et produisent des glands. Le bois de chêne est remarquablement dur et résistant.

Jeunes glands sur un long pédoncule

Cernes de croissance

Bois dur, résistant à la pourriture

Litière de feuilles, riche en champignons décomposeurs et en animaux invertébrés

Branches tortueuses, irrégulièrement ramifiées

LA FORME VARIE AVEC L'ENVIRONNEMENT
Dans les sites balayés par le vent, les rameaux et les branches face au vent ne résistent pas et meurent. L'arbre devient alors asymétrique. Quand les arbres sont serrés les uns contre les autres, ils se développent principalement vers le haut, à la recherche de la lumière, alors qu'un arbre isolé formera une large couronne bien feuillue.

Port irrégulier dû au vent

Hêtre isolé   Hêtres en groupe

Feuilles larges et coriaces, groupées à l'extrémité de la pousse

MODE DE CROISSANCE DES FEUILLUS
Les feuillus comme les chênes présentent généralement un port étalé et touffu. Chez la plupart des espèces, le tronc se divise en plusieurs branches de même grosseur. Le port plus élancé des conifères est très différent (p. 10).

9

LES CONIFÈRES PERSISTENT PRESQUE TOUS

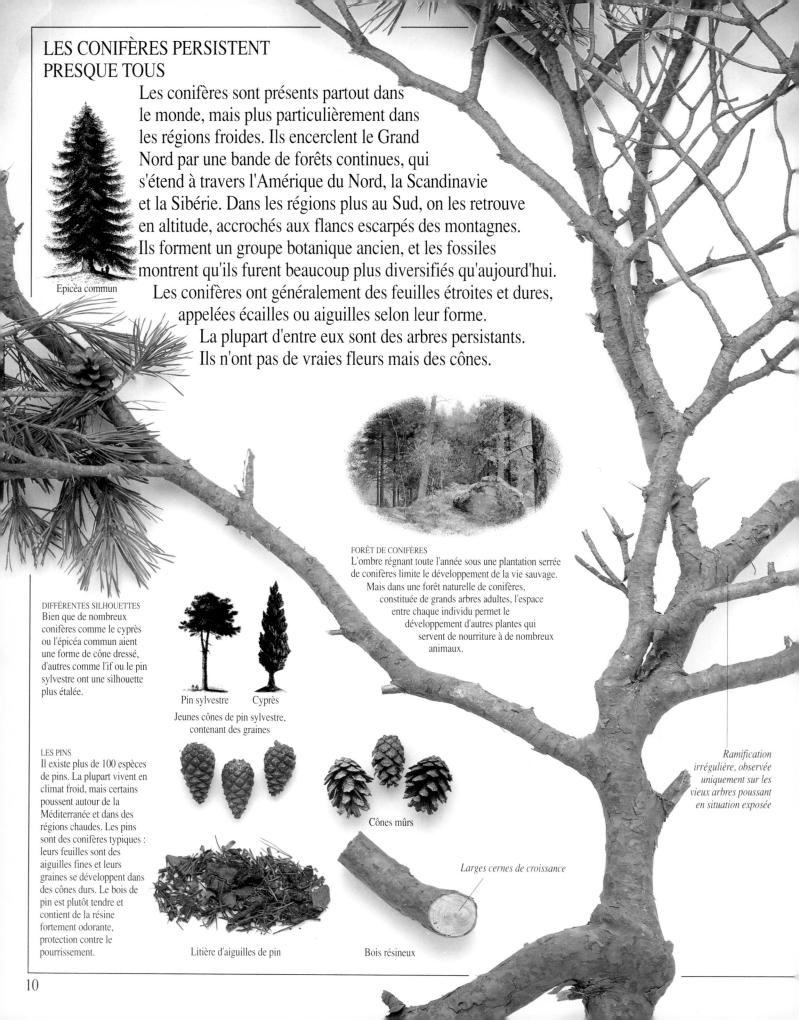

Les conifères sont présents partout dans le monde, mais plus particulièrement dans les régions froides. Ils encerclent le Grand Nord par une bande de forêts continues, qui s'étend à travers l'Amérique du Nord, la Scandinavie et la Sibérie. Dans les régions plus au Sud, on les retrouve en altitude, accrochés aux flancs escarpés des montagnes. Ils forment un groupe botanique ancien, et les fossiles montrent qu'ils furent beaucoup plus diversifiés qu'aujourd'hui. Les conifères ont généralement des feuilles étroites et dures, appelées écailles ou aiguilles selon leur forme. La plupart d'entre eux sont des arbres persistants. Ils n'ont pas de vraies fleurs mais des cônes.

Epicéa commun

FORÊT DE CONIFÈRES
L'ombre régnant toute l'année sous une plantation serrée de conifères limite le développement de la vie sauvage. Mais dans une forêt naturelle de conifères, constituée de grands arbres adultes, l'espace entre chaque individu permet le développement d'autres plantes qui servent de nourriture à de nombreux animaux.

DIFFÉRENTES SILHOUETTES
Bien que de nombreux conifères comme le cyprès ou l'épicéa commun aient une forme de cône dressé, d'autres comme l'if ou le pin sylvestre ont une silhouette plus étalée.

Pin sylvestre   Cyprès

Jeunes cônes de pin sylvestre, contenant des graines

LES PINS
Il existe plus de 100 espèces de pins. La plupart vivent en climat froid, mais certains poussent autour de la Méditerranée et dans des régions chaudes. Les pins sont des conifères typiques : leurs feuilles sont des aiguilles fines et leurs graines se développent dans des cônes durs. Le bois de pin est plutôt tendre et contient de la résine fortement odorante, protection contre le pourrissement.

Cônes mûrs

Ramification irrégulière, observée uniquement sur les vieux arbres poussant en situation exposée

Larges cernes de croissance

Litière d'aiguilles de pin   Bois résineux

L'écorce, au sommet
d'un pin sylvestre
adulte, s'écaille
en fins lambeaux
rougeâtres

Les jeunes cônes femelles
mettront presque deux ans
à s'ouvrir et à libérer leurs
graines

Les aiguilles rigides,
vert bleuté, sont
portées par paires tout
autour du rameau

LES ARBRES DE NOËL
Depuis des siècles, les arbres
font partie des décors
traditionnels de Noël. Mais
c'est seulement au
XIXᵉ siècle que l'on prit
l'habitude du «sapin de
Noël», un épicéa commun,
ou un autre conifère, décoré de boules et
de bougies. Bien avant l'arrivée du
christianisme, les végétaux persistants
étaient associés aux fêtes païennes :
ainsi, lors de la fête du solstice d'hiver,
des branches de houx ou de conifère
annonçaient le retour du printemps.

MODE DE CROISSANCE DES CONIFÈRES
Chez la plupart des jeunes conifères, de
courtes branches latérales se ramifient à intervalles réguliers
à partir d'une forte pousse principale. Plus tard, leur
croissance peut devenir beaucoup moins régulière, avec des
branches noueuses et tordues comme celles du pin sylvestre
illustrées ci-dessus.

11

SOUS LES TROPIQUES, TOUT POUSSE

La croissance des arbres tropicaux est soumise à la pluie. Dans certaines régions tropicales, il pleut toute l'année. Grâce à cette atmosphère chaude de serre, les feuillus poussent extraordinairement vite (en moyenne de 5 mètres par an pour un jeune arbre). Les arbres sont si serrés par endroits que la forêt tropicale humide fournit une masse de matière vivante bien plus importante qu'aucun autre habitat de la Terre. Là où la pluie est moins abondante, les arbres ont à se défendre contre la sécheresse. Dans les régions où alternent saison sèche et saison des pluies, de nombreux arbres perdent leurs feuilles pour résister au manque d'eau en saison sèche. Les palmiers et les eucalyptus, qui la plupart du temps sont privés d'eau, luttent contre les vents desséchants grâce à leurs feuilles coriaces.

Palmier

RACINES À CONTREFORTS
Dans les forêts tropicales, les arbres poussent souvent très haut, à la recherche de la lumière, en concurrence avec leurs voisins. Là où le sol est peu épais, les arbres risquent de se déraciner. Quelques espèces ont donc développé des racines à contreforts, qui s'étendent et stabilisent leurs troncs.

SOUS LA VOÛTE
Dans la forêt tropicale, la voûte continue formée par les cimes des arbres projette une ombre épaisse sur le sol.

Système d'écoulement des eaux de pluie

DRAINAGE NATUREL
Beaucoup d'arbres tropicaux sont couverts de feuilles à pointes recourbées. Elles jouent le rôle des gargouilles d'autrefois, évacuant l'eau lors des pluies torrentielles. L'arbre ci-dessous est un ficus à port pleureur, que l'on trouve en Inde et dans le Sud-Est asiatique.

Les eucalyptus sont parmi
les arbres dont la croissance
est la plus rapide. On les
trouve dans les plaines arides et
les forêts subtropicales d'Australie,
mais certaines espèces poussent
aussi à la limite des neiges éternelles
en montagne.

LA JUNGLE INSULAIRE
Ce fouillis de végétation impénétrable est
typique de la forêt humide du nord de
l'Australie. Les forêts plus fraîches
d'Australie et de Nouvelle-Zélande abritent
de nombreuses espèces de fougères
arborescentes. Ces plantes ressemblent à
des palmiers, mais n'ont aucune parenté
botanique avec eux.

Fougère arborescente

*Les feuilles se
déploient en éventail*

*Les feuilles
d'eucalyptus,
nourriture préférée
des koalas,
contiennent une
huile
essentielle
(p. 51)*

L'ARBRE QUI À LUI SEUL EST UNE FORÊT
Le banyan est un arbre tropical extraordinaire qui s'étend
grâce à ses racines piliers. Elles se forment sur les branches
et poussent vers le sol. A Calcutta, un banyan a plus d'un
millier de racines piliers : c'est, en largeur, le plus grand
arbre du monde.

*Simple tige
fibreuse,
sans
branches*

LES PALMIERS
Il existe près de 3 000 espèces de palmiers
dans le monde, la plupart sous les
tropiques. Les cocotiers poussent le
plus souvent le long des côtes ; en
effet, après avoir flotté sur la mer,
leurs noix échouent sur des plages
où, grâce au liquide qu'elles
contiennent, le «lait de coco», elles
peuvent germer malgré la
sécheresse du sable.

*Chaque noix
est entourée
d'une coque
très légère et
imperméable*

*Les
racines
sortent à
travers
la coque*

LES PETITES GRAINES PRENNENT DE GROS RISQUES

Pour un arbre, les premiers mois de sa vie sont, de loin, plus hasardeux que toutes les années ou même les siècles qui suivront. Sur les milliers de graines qu'il produit chaque année – jusqu'à 50 000 glands pour un chêne, par exemple –, seule une infime partie survit assez longtemps pour devenir un arbre. Les graines courent d'abord le risque de tomber sur des sols où elles ne pourront pousser ou bien d'être mangées par des animaux. Celles qui réussissent à germer peuvent à tout moment être piétinées ou broutées. Chaque graine contient une réserve de nourriture qui lui assure l'énergie nécessaire pour subsister et pour alimenter la jeune pousse lors de la germination. Cette réserve varie : chez le saule, elle est si petite que la graine doit germer immédiatement après sa chute ; chez le chêne ou le hêtre, elle peut rester en vie un hiver entier. La germination, vraie naissance de l'arbre, commence dès les premières journées chaudes du printemps.

Hêtre à maturité, d'environ 150 ans, poussant dans un parc

5 LE TÉGUMENT TOMBE
14 jours après la germination, les deux feuilles repliées à l'intérieur de la graine, les cotylédons, se déploient. Ils éjectent alors le tégument qui tombe. Jusqu'à cet instant, la graine a vécu entièrement sur ses propres réserves. A partir de ce stade, les premières feuilles vont commencer à lui apporter de l'énergie.

4 LA POUSSE SE DÉVELOPPE
5 jours après la germination, le tégument de la graine a été soulevé du sol par le développement de la tige. Tandis que la racine s'enfonce plus profondément dans le sol, les radicelles commencent à se ramifier juste sous la surface du sol.

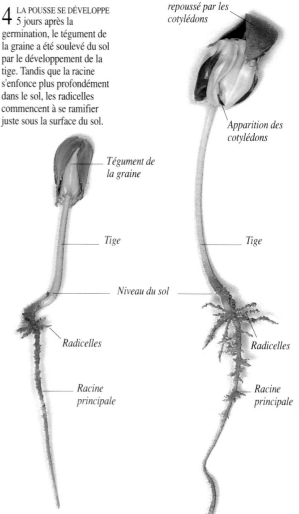

Tégument de la graine repoussé par les cotylédons

Apparition des cotylédons

Tégument de la graine

Tige

Tige

Niveau du sol

Radicelles

Radicelles

Racine principale

Racine principale

Bogue ouverte

Graine à trois faces, attachée à sa bogue

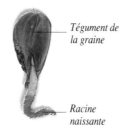

Fente causée par le gonflement de l'embryon

Tégument de la graine

Tégument de la graine

Racine naissante

1 LA GRAINE TOMBE
SUR LE SOL
Le hêtre enferme ses graines, les faines, dans des bogues ligneuses. Il produit des graines en abondance une année sur trois. Certaines graines se détachent aussitôt, alors que d'autres tombent sur le sol encore attachées à leur bogue.

2 LA GERMINATION
COMMENCE
Pendant les mois d'hiver, la plupart des graines éparpillées sous le hêtre sont dévorées par des écureuils affamés, des mulots, des pinsons et des geais. Les graines qui ont la chance de survivre commencent à germer au début du printemps. Le premier signe qui apparaît est une fente dans le tégument coriace de la graine, provoquée par le gonflement de l'embryon à l'intérieur.

3 LES PREMIÈRES RACINES
APPARAISSENT
L'embryon qui se développe a besoin d'un ancrage solide dans le sol. Une racine apparaît à l'extrémité pointue de la graine. Elle pousse aussitôt vers le sol. Elle y puise l'eau, les sels minéraux et fixe la graine.

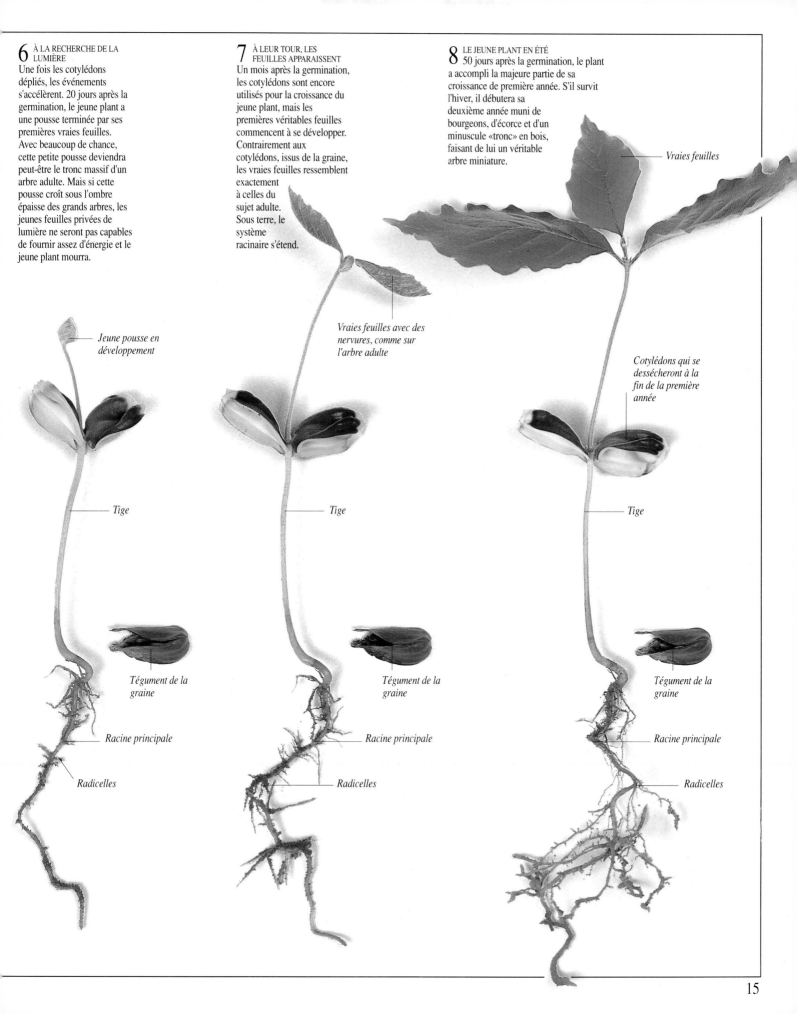

6 À LA RECHERCHE DE LA
LUMIÈRE
Une fois les cotylédons
dépliés, les événements
s'accélèrent. 20 jours après la
germination, le jeune plant a
une pousse terminée par ses
premières vraies feuilles.
Avec beaucoup de chance,
cette petite pousse deviendra
peut-être le tronc massif d'un
arbre adulte. Mais si cette
pousse croît sous l'ombre
épaisse des grands arbres, les
jeunes feuilles privées de
lumière ne seront pas capables
de fournir assez d'énergie et le
jeune plant mourra.

7 À LEUR TOUR, LES
FEUILLES APPARAISSENT
Un mois après la germination,
les cotylédons sont encore
utilisés pour la croissance du
jeune plant, mais les
premières véritables feuilles
commencent à se développer.
Contrairement aux
cotylédons, issus de la graine,
les vraies feuilles ressemblent
exactement
à celles du
sujet adulte.
Sous terre, le
système
racinaire s'étend.

8 LE JEUNE PLANT EN ÉTÉ
50 jours après la germination, le plant
a accompli la majeure partie de sa
croissance de première année. S'il survit
l'hiver, il débutera sa
deuxième année muni de
bourgeons, d'écorce et d'un
minuscule «tronc» en bois,
faisant de lui un véritable
arbre miniature.

Vraies feuilles

*Jeune pousse en
développement*

*Vraies feuilles avec des
nervures, comme sur
l'arbre adulte*

*Cotylédons qui se
dessécheront à la
fin de la première
année*

Tige

Tige

Tige

*Tégument de la
graine*

*Tégument de la
graine*

*Tégument de la
graine*

Racine principale

Racine principale

Racine principale

Radicelles

Radicelles

Radicelles

LES CELLULES SE DIVISENT : L'ARBRE GRANDIT ET GROSSIT

Les arbres croissent de deux façons. Chaque rameau possède à son extrémité un amas de cellules spécialisées qui, en se divisant, le font croître en longueur. C'est ainsi que les arbres grandissent et s'étendent. Dans le même temps, ils grossissent grâce au cambium, une couche de cellules qui recouvre toutes les parties ligneuses : tronc, branches, rameaux et racines. La circonférence de la plupart des troncs d'arbres adultes augmente chaque année d'environ 2,5 centimètres. Dans les climats tempérés, ces deux types de croissance ne se produisent qu'au printemps et en été. Le cambium pousse vers l'extérieur et les nouvelles cellules qu'il produit forment chaque année un cerne bien visible. En comptant ces cernes, on peut calculer l'âge d'un arbre.

UNE ENVELOPPE VIVANTE
Bien que son tronc n'ait plus de cœur, ce frêne survit. C'est la couche externe de l'aubier qui transporte l'eau et la sève.

FORCE CACHÉE
Quand les arbres poussent, leurs racines en extension ont une force immense. Cet arbre, au Cambodge, détruit progressivement le mur du vieux temple sur lequel il a élu domicile.

L'ARBRE LE PLUS LOURD
Les wellingtonias et les séquoias de Californie poussent sur les versants humides des montagnes, dans les brouillards qui montent de l'océan Pacifique. En l'absence de vents forts, la croissance de ces arbres est sans obstacle et ils peuvent pousser jusqu'à atteindre des hauteurs exceptionnelles (112 m pour le plus grand du monde).

LES COUVRE-SOLS
Dans la toundra arctique, au climat très dur, il est impossible aux arbres de se développer. Des arbustes rampants, comme le saule nain, prennent le relais.

Cœur de l'arbre, composé essentiellement de cellules mortes

Aubier, composé de cellules vivantes

Ecorce

CROISSANCE LENTE
Cette branche d'if a environ 75 ans. Ses cernes de croissance sont serrés les uns contre les autres.

CROISSANCE RAPIDE
Cette branche d'érable sycomore n'a qu'une quinzaine d'années. Ses cernes sont larges et espacés.

L'ARBRE LE PLUS VIEUX
Les pins aristés sont parmi les plus vieux êtres vivants de la Terre. Ils poussent dans les montagnes Rocheuses. En altitude, leur croissance est extrêmement lente. On estime à 6000 ans l'âge de certains individus.

Zone de croissance rapide

Zone de croissance lente

Sève colorant partiellement le bois sec

Ecorce

CROISSANCE DÉSÉQUILIBRÉE
Le tronc et les branches d'un arbre n'ont pas le même rythme de croissance dans toutes les directions. Le décentrage des cernes de croissance (ci-contre) peut être dû à deux causes. Si un arbre pousse dans un endroit exposé, son bois croîtra plus vite du côté sous le vent que du côté face au vent. S'il y a une grosse branche, la croissance de la partie du tronc située en dessous est plus rapide, ce qui l'aide à en supporter le poids.

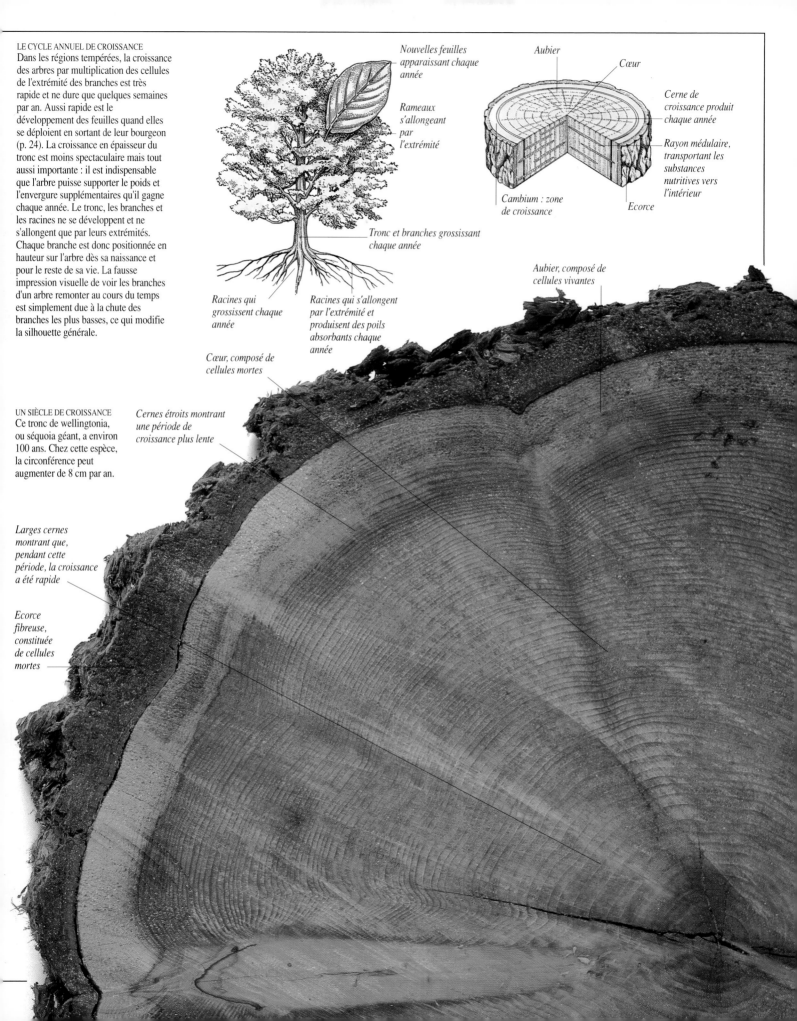

LE CYCLE ANNUEL DE CROISSANCE
Dans les régions tempérées, la croissance des arbres par multiplication des cellules de l'extrémité des branches est très rapide et ne dure que quelques semaines par an. Aussi rapide est le développement des feuilles quand elles se déploient en sortant de leur bourgeon (p. 24). La croissance en épaisseur du tronc est moins spectaculaire mais tout aussi importante : il est indispensable que l'arbre puisse supporter le poids et l'envergure supplémentaires qu'il gagne chaque année. Le tronc, les branches et les racines ne se développent et ne s'allongent que par leurs extrémités. Chaque branche est donc positionnée en hauteur sur l'arbre dès sa naissance et pour le reste de sa vie. La fausse impression visuelle de voir les branches d'un arbre remonter au cours du temps est simplement due à la chute des branches les plus basses, ce qui modifie la silhouette générale.

Nouvelles feuilles apparaissant chaque année

Rameaux s'allongeant par l'extrémité

Tronc et branches grossissant chaque année

Racines qui grossissent chaque année

Racines qui s'allongent par l'extrémité et produisent des poils absorbants chaque année

Aubier

Cœur

Cerne de croissance produit chaque année

Rayon médulaire, transportant les substances nutritives vers l'intérieur

Cambium : zone de croissance

Ecorce

Cœur, composé de cellules mortes

Aubier, composé de cellules vivantes

UN SIÈCLE DE CROISSANCE
Ce tronc de wellingtonia, ou séquoia géant, a environ 100 ans. Chez cette espèce, la circonférence peut augmenter de 8 cm par an.

Cernes étroits montrant une période de croissance plus lente

Larges cernes montrant que, pendant cette période, la croissance a été rapide

Ecorce fibreuse, constituée de cellules mortes

Les blaireaux se transmettent leurs terriers de génération en génération. Quand un arbre pousse, une famille de blaireaux «pousse» avec, les animaux creusant, sans préjudice pour l'arbre, de nouvelles galeries parmi les racines

IL PREND RACINE DANS LA COUCHE SUPERFICIELLE

Les arbres étant des plantes très hautes, on pense généralement que leurs racines plongent profondément dans la terre. C'est loin d'être toujours le cas : la plupart se développent dans la terre de surface, formant un entrelacs qui ancre l'arbre dans le sol. Les racines d'un arbre de 50 mètres de haut atteignent rarement plus de 2,5 mètres de profondeur, mais elles peuvent s'étendre tout autour sur un rayon égal à la hauteur de l'arbre, couvrant ainsi la surface d'un grand terrain de football. Dans la terre, de minuscules poils absorbants captent l'eau et les sels minéraux qui passent dans les radicelles, puis dans les racines principales, pour atteindre enfin le tronc, au bout d'une longue journée.

DES RACINES POUR LES SOLS MARÉCAGEUX

Seuls quelques arbres sont capables de pousser dans des terrains inondés en permanence, où le sol est instable et mouvant. Ce milieu est aussi très pauvre en oxygène, élément dont les racines ont besoin. Les palétuviers sont des arbres tropicaux qui poussent dans les vasières côtières. Ils ont deux types de racines particulières : des racines échasses, partant du tronc, comme des piliers, et l'ancrant dans la vase ; des racines respiratoires, les pneumatophores, qui poussent vers le haut, dépassant de la vase. Exposées à l'air à marée basse, elles peuvent capter l'oxygène. Le cyprès chauve est une autre espèce possédant des racines respiratoires. Ce conifère peu commun habite dans les marais d'eau douce du sud des États-Unis.

MANGROVE
Le long de certaines côtes tropicales, les palétuviers forment des bandes de végétation continue sur des centaines de kilomètres ; on appelle mangrove ce type de forêt.

À LA RECHERCHE D'OXYGÈNE
Le cyprès chauve se plaît dans les bayous marécageux du sud des Etats-Unis. Ce conifère a deux caractéristiques peu communes : ses racines respiratoires protubérantes et son feuillage caduc.

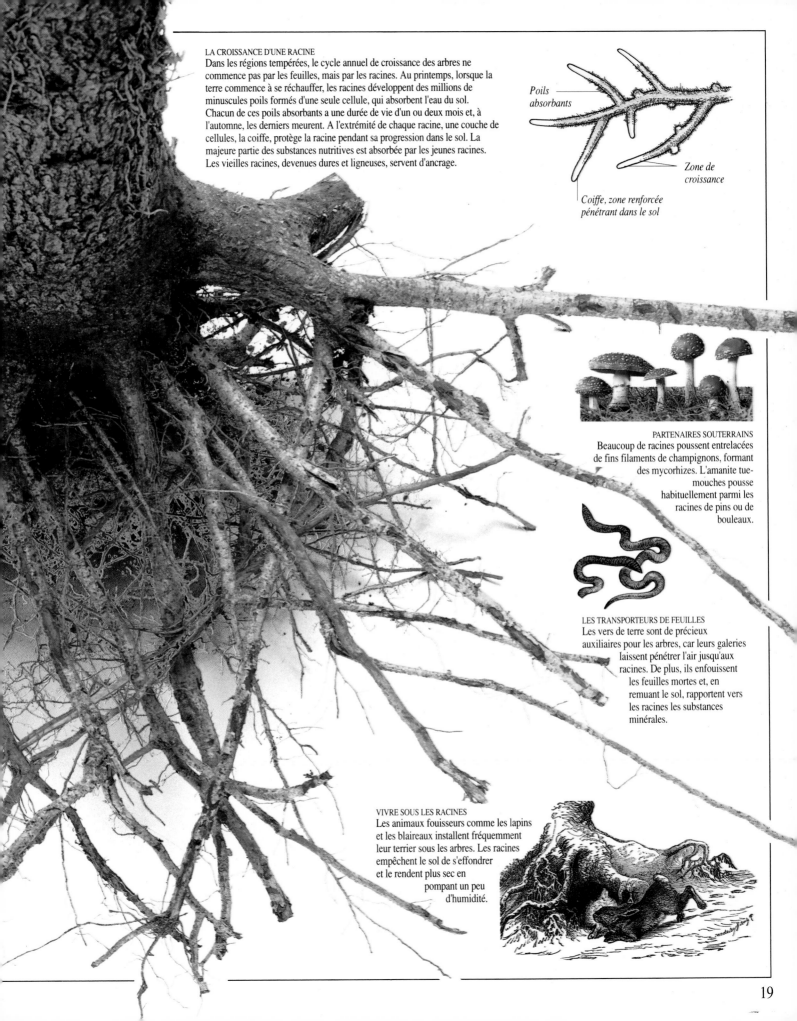

LA CROISSANCE D'UNE RACINE

Dans les régions tempérées, le cycle annuel de croissance des arbres ne commence pas par les feuilles, mais par les racines. Au printemps, lorsque la terre commence à se réchauffer, les racines développent des millions de minuscules poils formés d'une seule cellule, qui absorbent l'eau du sol. Chacun de ces poils absorbants a une durée de vie d'un ou deux mois et, à l'automne, les derniers meurent. A l'extrémité de chaque racine, une couche de cellules, la coiffe, protège la racine pendant sa progression dans le sol. La majeure partie des substances nutritives est absorbée par les jeunes racines. Les vieilles racines, devenues dures et ligneuses, servent d'ancrage.

Poils absorbants

Zone de croissance

Coiffe, zone renforcée pénétrant dans le sol

PARTENAIRES SOUTERRAINS
Beaucoup de racines poussent entrelacées de fins filaments de champignons, formant des mycorhizes. L'amanite tue-mouches pousse habituellement parmi les racines de pins ou de bouleaux.

LES TRANSPORTEURS DE FEUILLES
Les vers de terre sont de précieux auxiliaires pour les arbres, car leurs galeries laissent pénétrer l'air jusqu'aux racines. De plus, ils enfouissent les feuilles mortes et, en remuant le sol, rapportent vers les racines les substances minérales.

VIVRE SOUS LES RACINES
Les animaux fouisseurs comme les lapins et les blaireaux installent fréquemment leur terrier sous les arbres. Les racines empêchent le sol de s'effondrer et le rendent plus sec en pompant un peu d'humidité.

LE TRONC EST ACCUEILLANT

Juste sous l'écorce, mais invisible, de la sève circule en permanence : les sels minéraux montent du sol et les substances nutritives descendent des feuilles (p. 17). C'est l'épaisseur de l'écorce qui protège cette circulation de nourriture. Malgré cela, des insectes, des champignons et des plantes parasites parviennent parfois à traverser cette barrière. Nourris par les aliments qu'ils ont prélevés sur l'arbre, ces êtres vivants forment la base de la chaîne alimentaire du tronc. Les champignons décomposent le bois, favorisant ainsi d'autres ennemis du tronc, tandis que les larves d'innombrables insectes, des coléoptères aux frelons, constituent la nourriture des oiseaux forestiers.

LA SPIRALE DU GRIMPEREAU
Les grimpereaux sont de petits oiseaux gris souris qui se nourrissent des insectes du tronc. C'est le seul oiseau qui grimpe le long des troncs en tournant en spirale.

Trou creusé par un pic dans du bois mort et servant de nid. L'écorce autour s'est cicatrisée

LE GARDE-MANGER VIVANT
De nombreux mammifères, comme les écureuils, s'emparent des graines des arbres et les enterrent. Mais ils ne retrouvent pas toutes leurs provisions et un certain nombre de graines arrivent à germer. Le pic du chêne du Sud-Ouest américain met en réserve les glands dans un endroit visible, un arbre ou un poteau télégraphique. Il creuse des trous et enfonce un gland dans chacun. Il peut ainsi cribler un seul arbre de centaines de trous.

Glands dans une écorce de pin

Pic du chêne sur un tronc

Coloration verte sur l'écorce, due à une fine couche d'algues unicellulaires qui atteignent le tronc sous forme de spores amenées par le vent

Ecorce vivante, cicatrisant sur le bois mort du cœur de l'arbre

Champignons à chapeau ayant envahi le bois humide

VIVRE SUR UN TRONC
Ce tronc est celui d'un érable plane adulte. Les champignons et les insectes attaqueront là où le bois mort est à nu, mais l'arbre survivra aussi longtemps qu'il y aura assez de bois vivant pour apporter l'eau aux feuilles.

«Œil» dans l'écorce : c'est la cicatrice résultant de la chute d'une petite branche

Une sittelle et
son petit

ACROBATES DES TRONCS
La plupart des gros oiseaux ne peuvent supporter leur propre poids pour grimper à la verticale le long des troncs. Par contre, les espèces plus petites n'ont aucune difficulté à le faire, la sittelle torchepot est même capable aussi bien de descendre que de monter. Ces petits oiseaux volent systématiquement d'arbre en arbre, sondant les troncs aussi vite que possible pour capturer les insectes logés dans les crevasses de l'écorce.

Coupe d'un nid
de sittelle

Ecorce abîmée par des écureuils à la recherche de sève riche en sucre

Branche en bonne santé, ayant une écorce intacte

EMPRISONNÉE DANS UN ARBRE
Certains oiseaux qui nichent dans les troncs d'arbres ajustent la taille et la forme de l'entrée du trou en y ajoutant de la boue. Cette habitude prend un caractère extrême chez les calaos. La femelle bouche l'entrée du nid avec un mélange de boue et de salive, laissant juste une petite ouverture pour que le mâle puisse la nourrir. La boue de l'entrée sèche et devient très dure, empêchant les prédateurs de la briser pour attaquer la mère et ses oisillons. Durant ce séjour dans sa cellule, la femelle mue et reste presque déplumée pendant quelques semaines.

Galeries latérales, creusées par les larves en cours de développement

Œufs déposés le long de la galerie principale

Galerie principale creusée par le scolyte femelle

Galeries de scolytes

Scolyte

LES INSECTES MINEURS
Les larves de scolytes creusent des galeries dans le bois pour se nourrir.

Charançon du pin

LES FOREURS DE BOIS
Les charançons adultes favorisent les maladies et endommagent les jeunes pousses en utilisant leur long rostre pour mastiquer l'écorce.

ÉPIPHYTES ET PARASITES
Les arbres servent souvent de support pour des plantes plus petites, la plupart d'entre elles ne leur causant aucun préjudice. Les mousses, les lichens et les fougères sont très communs sur les arbres des régions tempérées ; sous les tropiques s'y ajoutent beaucoup de plantes colorées comme les orchidées et les broméliacées. Le gui est plus dangereux. Déposée sur le tronc d'un arbre hôte par un oiseau, sa graine collante produit une racine qui pénètre dans le bois vivant. Le gui, plante parasite, suce alors la sève destinée à l'arbre. Ce mode de nourriture remplaçant le cycle habituel, le gui a très peu besoin de ses feuilles, qui sont petites et coriaces.

L'ÉCORCE DRESSE SA BARRIÈRE

Une écorce d'arbre est une peau. Elle protège l'arbre des attaques d'animaux et de champignons, de la sécheresse et même, dans le cas des eucalyptus et des séquoias, des dommages causés par les feux de forêt. Comme une peau, cette écorce est composée de deux couches. La couche interne, assise génératrice de l'écorce, est constituée de cellules vivantes qui se divisent constamment. Produites par millions, ces cellules meurent lorsqu'elles sont privées d'eau et de sève. Elles forment alors l'écorce externe, barrière très efficace contre les éléments extérieurs.

Ecorce de jeune frêne

LA RÉCOLTE DU CAOUTCHOUC
Le caoutchouc provient essentiellement du latex blanc que l'on récolte en pratiquant des incisions sur l'écorce des hévéas, originaires d'Amazonie mais cultivés en Asie du Sud-Est.

Assise génératrice de l'écorce

Vieille écorce crevassée

Nouvelle écorce

Jeune arbre

Arbre adulte

L'ÉCORCE VIEILLIT
L'écorce d'un jeune frêne est lisse. En vieillissant, elle se crevasse et se fissure.

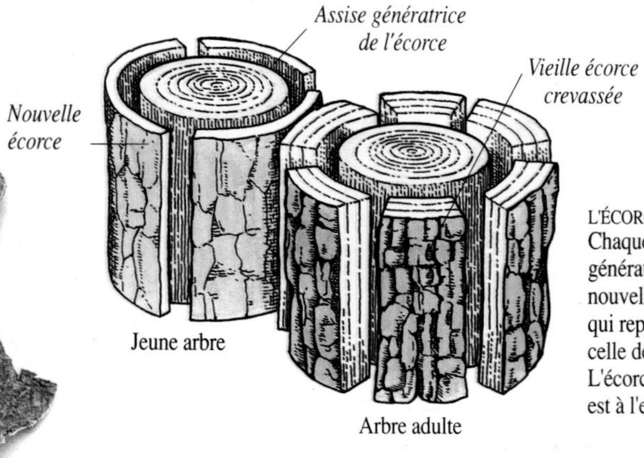

L'ÉCORCE POUSSE
Chaque année, l'assise génératrice produit une nouvelle épaisseur d'écorce, qui repousse vers l'extérieur celle de l'année précédente. L'écorce la plus ancienne est à l'extérieur.

Ecorce d'un frêne de 60 ans

Ecorce naturelle du chêne-liège

Plaque de liège

PEAUX MINCES ET PEAUX ÉPAISSES
L'écorce varie énormément en épaisseur. Celle des séquoias, comme celle des wellingtonias de la page de droite, peut dépasser 30 cm d'épaisseur. A l'opposé, l'épaisseur de l'écorce d'un hêtre adulte (ci-dessus) peut n'être que d'un centimètre sur la majeure partie du tronc.

Bouchons de liège

DOUBLE PROTECTION
Une vieille écorce, comme celle de ce peuplier, forme une double barrière. Elle est dure et résistante, mais contient aussi des défenses chimiques. Certaines de ces substances sont utilisées par l'homme : le quinquina du Pérou, par exemple, produit de la quinine servant au traitement contre la malaria.

LE DÉMASCLAGE DU LIÈGE
Le liège est l'écorce du chêne-liège. Tous les 8 ou 10 ans, l'écorce externe est enlevée, en préservant l'assise génératrice. Celle-ci régénère alors une nouvelle écorce, pour remplacer celle qui vient d'être enlevée.

TRACES DU PASSÉ
L'aspect caractéristique de chaque écorce permet, comme pour le pollen, d'identifier les arbres du passé. Ce morceau d'écorce de noisetier a environ 4 000 ans. L'arbre dont il provient poussait près d'une zone marécageuse et a été recouvert par la tourbe après sa mort. L'acidité de la tourbe et le manque d'oxygène l'ont empêché de pourrir.

UNE ÉCORCE IMPUTRESCIBLE
L'écorce des bouleaux, aussi fine que du papier, est néanmoins très résistante. C'est ainsi que l'écorce des bouleaux à papier, ou bouleaux à canots, d'Amérique du Nord, était utilisée pour confectionner des canoës.

FISSURES IRRÉGULIÈRES
Ce morceau d'écorce de marronnier provient d'un arbre âgé d'une centaine d'années. Comme le frêne, le marronnier a une écorce lisse quand il est jeune, mais qui se fissure en vieillissant. Elle se craquelle en petites plaques irrégulières, sous l'effet de la croissance sous-jacente.

SIROP D'ÉRABLE
Les premiers colons d'Amérique ont su rapidement tirer avantage du sucre de l'érable, source d'un délicieux sirop. Pour obtenir ce sirop, on récolte d'abord la sève en introduisant un tube creux à travers l'écorce morte jusqu'aux vaisseaux conducteurs de sève, et on la fait ensuite bouillir.

ÉCORCE PARFUMÉE
La cannelle est tirée de l'écorce d'un arbre qui pousse en Inde et au Sri Lanka. Ces bâtonnets de cannelle sont des morceaux d'écorce coupés sur un jeune arbre qui s'enroulent en séchant.

PRIS AU PIÈGE DE LA RÉSINE
Cette guêpe et cette mouche ont été emprisonnées il y a 50 millions d'années dans la résine s'écoulant d'une écorce de pin. On appelle ambre jaune cette résine fossilisée.

LE COMBATTANT DU FEU
L'écorce du wellingtonia est épaisse et fibreuse, et, du fait de l'absence de résine, elle prend feu difficilement. Ces deux caractéristiques contribuent à protéger cet arbre immense des feux de forêt qui tuent tant d'autres conifères.

Profonde crevasse

Lierre

RESPIRATION À TRAVERS L'ÉCORCE
Toutes les plantes ont besoin d'oxygène et de dioxyde de carbone. Elles respirent par leurs tiges aussi bien que par leurs feuilles. Ce merisier montre de larges pores, les lenticelles, à travers lesquels les gaz pénètrent jusqu'au bois.

ÉCORCE ÉCAILLEUSE
De nombreux conifères, y compris les ifs, les épicéas et les pins, ont une écorce qui s'écaille en petites plaques au fur et à mesure de la croissance de l'arbre. Sur ce tronc d'if, les fragments sombres de la vieille écorce tombent peu à peu, laissant apparaître les zones rouge clair de la nouvelle écorce.

Lenticelle à travers laquelle l'arbre «respire»

LES BOURGEONS ATTENDENT LE PRINTEMPS

La croissance d'une plante nécessite un effort important. Même dans les forêts tropicales où le climat est idéal toute l'année, très peu d'arbres peuvent pousser en continu. Sous les latitudes plus élevées, la croissance s'arrête obligatoirement l'hiver (à cause du froid et du manque de lumière), mais les bourgeons renferment déjà tous les éléments nécessaires pour éclore dès les premiers jours du printemps et croître rapidement. On trouve des bourgeons sur tous les arbres à feuilles caduques ainsi que sur de nombreux conifères. Mais ces derniers, venant se surajouter au feuillage persistant, sont plus difficiles à observer. Les bourgeons de certains arbres contiennent tous les organes nécessaires à la croissance de l'année suivante, alors que, chez d'autres, il y a simplement des cellules indifférenciées qui se multiplient rapidement dès l'éclosion. Les arbres peuvent être identifiés, même en hiver, grâce à la forme et à la disposition de leurs bourgeons.

Bourgeons de marronnier

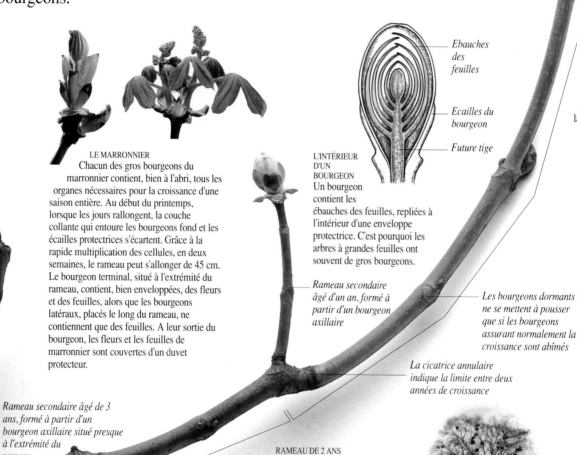

Bourgeon terminal en voie d'éclosion : les écailles commencent à s'écarter

Bourgeons disposés par paire

Cicatrice de feuille

RAMEAU D'UN AN
La croissance de la dernière année s'étend du bourgeon terminal à la cicatrice annulaire entourant le rameau. Cette année-là, la croissance a été bonne.

Ebauches des feuilles

Ecailles du bourgeon

Future tige

L'INTÉRIEUR D'UN BOURGEON
Un bourgeon contient les ébauches des feuilles, repliées à l'intérieur d'une enveloppe protectrice. C'est pourquoi les arbres à grandes feuilles ont souvent de gros bourgeons.

LE MARRONNIER
Chacun des gros bourgeons du marronnier contient, bien à l'abri, tous les organes nécessaires pour la croissance d'une saison entière. Au début du printemps, lorsque les jours rallongent, la couche collante qui entoure les bourgeons fond et les écailles protectrices s'écartent. Grâce à la rapide multiplication des cellules, en deux semaines, le rameau peut s'allonger de 45 cm. Le bourgeon terminal, situé à l'extrémité du rameau, contient, bien enveloppées, des fleurs et des feuilles, alors que les bourgeons latéraux, placés le long du rameau, ne contiennent que des feuilles. A leur sortie du bourgeon, les fleurs et les feuilles de marronnier sont couvertes d'un duvet protecteur.

Rameau secondaire âgé d'un an, formé à partir d'un bourgeon axillaire

Les bourgeons dormants ne se mettent à pousser que si les bourgeons assurant normalement la croissance sont abîmés

La cicatrice annulaire indique la limite entre deux années de croissance

Rameau secondaire âgé de 3 ans, formé à partir d'un bourgeon axillaire situé presque à l'extrémité du rameau

Cicatrice annulaire

RAMEAU DE 2 ANS
Le rameau a eu une faible croissance et n'a pas donné de rameau secondaire.

RAMEAU DE 3 ANS
Cette année-là, le rameau s'est peu allongé. Le rameau principal a produit un rameau secondaire qui a maintenant 3 ans.

«BALAIS DE SORCIÈRE»
La croissance désordonnée des rameaux peut être provoquée par des maladies, phénomène fréquent sur les bouleaux.

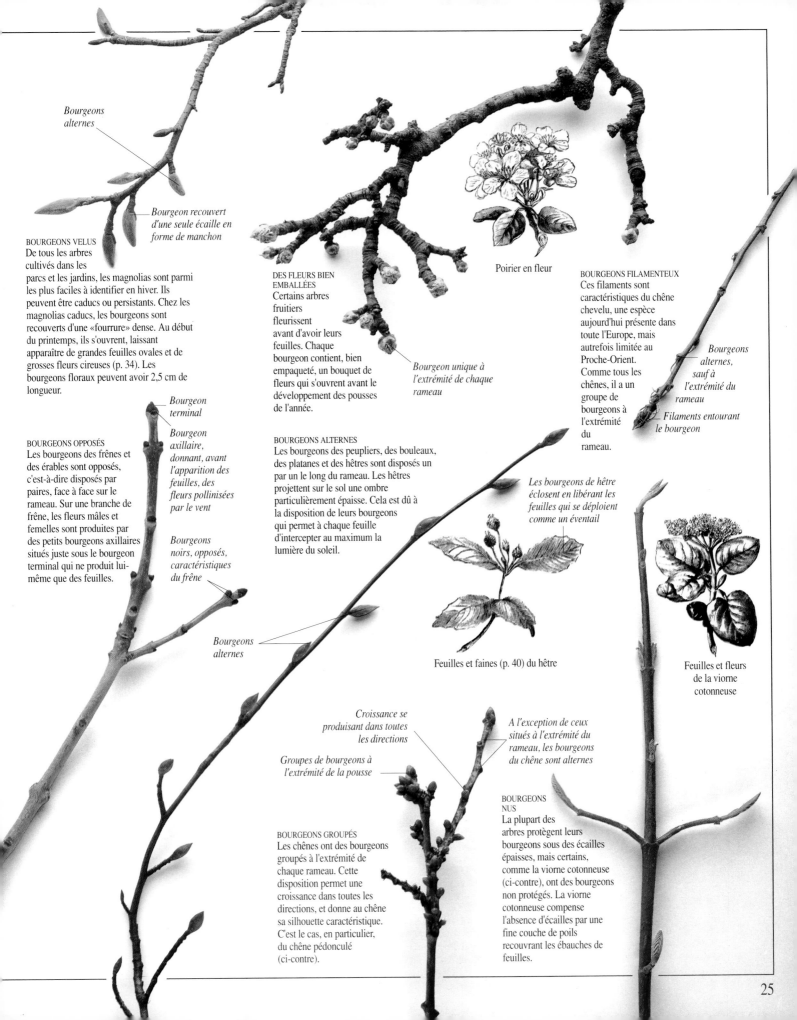

Bourgeons alternes

Bourgeon recouvert d'une seule écaille en forme de manchon

BOURGEONS VELUS
De tous les arbres cultivés dans les parcs et les jardins, les magnolias sont parmi les plus faciles à identifier en hiver. Ils peuvent être caducs ou persistants. Chez les magnolias caducs, les bourgeons sont recouverts d'une «fourrure» dense. Au début du printemps, ils s'ouvrent, laissant apparaître de grandes feuilles ovales et de grosses fleurs cireuses (p. 34). Les bourgeons floraux peuvent avoir 2,5 cm de longueur.

DES FLEURS BIEN EMBALLÉES
Certains arbres fruitiers fleurissent avant d'avoir leurs feuilles. Chaque bourgeon contient, bien empaqueté, un bouquet de fleurs qui s'ouvrent avant le développement des pousses de l'année.

Bourgeon unique à l'extrémité de chaque rameau

Poirier en fleur

BOURGEONS FILAMENTEUX
Ces filaments sont caractéristiques du chêne chevelu, une espèce aujourd'hui présente dans toute l'Europe, mais autrefois limitée au Proche-Orient. Comme tous les chênes, il a un groupe de bourgeons à l'extrémité du rameau.

Bourgeons alternes, sauf à l'extrémité du rameau

Filaments entourant le bourgeon

Bourgeon terminal

Bourgeon axillaire, donnant, avant l'apparition des feuilles, des fleurs pollinisées par le vent

BOURGEONS OPPOSÉS
Les bourgeons des frênes et des érables sont opposés, c'est-à-dire disposés par paires, face à face sur le rameau. Sur une branche de frêne, les fleurs mâles et femelles sont produites par des petits bourgeons axillaires situés juste sous le bourgeon terminal qui ne produit lui-même que des feuilles.

Bourgeons noirs, opposés, caractéristiques du frêne

BOURGEONS ALTERNES
Les bourgeons des peupliers, des bouleaux, des platanes et des hêtres sont disposés un par un le long du rameau. Les hêtres projettent sur le sol une ombre particulièrement épaisse. Cela est dû à la disposition de leurs bourgeons qui permet à chaque feuille d'intercepter au maximum la lumière du soleil.

Les bourgeons de hêtre éclosent en libérant les feuilles qui se déploient comme un éventail

Bourgeons alternes

Feuilles et faines (p. 40) du hêtre

Feuilles et fleurs de la viorne cotonneuse

Croissance se produisant dans toutes les directions

Groupes de bourgeons à l'extrémité de la pousse

A l'exception de ceux situés à l'extrémité du rameau, les bourgeons du chêne sont alternes

BOURGEONS GROUPÉS
Les chênes ont des bourgeons groupés à l'extrémité de chaque rameau. Cette disposition permet une croissance dans toutes les directions, et donne au chêne sa silhouette caractéristique. C'est le cas, en particulier, du chêne pédonculé (ci-contre).

BOURGEONS NUS
La plupart des arbres protègent leurs bourgeons sous des écailles épaisses, mais certains, comme la viorne cotonneuse (ci-contre), ont des bourgeons non protégés. La viorne cotonneuse compense l'absence d'écailles par une fine couche de poils recouvrant les ébauches de feuilles.

FEUILLES SIMPLES OU COMPOSÉES : TOUTES CAPTENT LE SOLEIL

Les feuilles sont de véritables centrales thermiques. Cependant, au lieu de consommer le carburant, elles le fabriquent : elles emmagasinent l'énergie contenue dans la lumière du soleil et l'utilisent pour transformer le dioxyde de carbone et l'eau en sucres. Ceux-ci servent de «carburant» ou entrent dans la constitution de la cellulose qui édifie les cellules et sur laquelle se dépose la lignine formant le bois. On distingue les feuilles simples et les feuilles composées (p. 28).

Les nervures forment un réseau parcourant le limbe de la feuille

Les pores microscopiques à la surface de la feuille permettent les échanges gazeux

Limbe de la feuille

Nervure principale

Queue de la feuille ou pétiole

Vue d'une feuille simple

Osier

Saule blanc

Dents pointues sur les bords de la feuille

Face supérieure couverte de petits poils

JEUNES FEUILLES GÉANTES
Les feuilles ovales de certains magnolias peuvent atteindre 30 cm de long. Celle-ci est encore jeune.

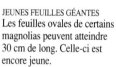

Face inférieure

LES FEUILLES LANCÉOLÉES DES SAULES
Beaucoup de saules ont des feuilles longues et étroites, couvertes de poils argentés sur la face inférieure.

LES FEUILLES OVALES ET DENTÉES
La forme de la feuille du cerisier cultivé se retrouve sur de nombreuses espèces.

LES DENTS DE SCIE DES FEUILLES DE CHÂTAIGNIER
En Europe, on reconnaît un peu partout les feuilles dentées et coriaces du châtaignier. Ces mêmes feuilles caractéristiques étaient communes en Amérique du Nord jusqu'à ce qu'une maladie, le chancre de l'écorce, détruise tous les châtaigniers.

Hêtre pourpre

Face supérieure vert foncé et lisse

LES FEUILLES EN CŒUR
Les feuilles en cœur bien symétriques sont assez rares. On en trouve chez deux espèces cultivées dans les jardins, l'arbre de Judée (ci-dessus) et le cercidiphyllum du Japon.

LES FEUILLES À LOBES INÉGAUX
Les tilleuls ont des feuilles à lobes inégaux. En été, elles sont souvent couvertes de miellat produit par des insectes suceurs de sève.

DOUCES SUR L'ENVERS
Les feuilles rondes du peuplier grisard sont claires et duveteuses sur la face inférieure.

Houx commun

Houx panaché   Houx panaché

LES FEUILLES PANACHÉES
Dans la plupart des feuilles, le pigment vert, la chlorophylle, qui capte l'énergie solaire est uniformément réparti sur toute la feuille. Dans les feuilles panachées, ce pigment est réduit ou même absent par endroits. Ces feuilles en situation de compétition avec des feuilles vertes, ne peuvent capter assez de lumière et survivent rarement.

Variété d'érable du Japon

PIGMENTS PEU COURANTS
Les feuilles aux couleurs sombres contiennent de la chlorophylle, mais ce pigment vert est masqué par différents autres pigments.

Variété d'érable du Japon

Nouvelle feuille sortant de sa gaine sur une jeune pousse

Une encoche divise la feuille en deux

Feuille à deux pointes

Chêne pédonculé

DES FORMES VARIÉES
La plupart des chênes caducs ont des feuilles lobées ou dentées, habituellement coriaces au toucher. Les chênes persistants sont très différents : ils ont souvent des feuilles petites et lancéolées.

Chêne rouge

Chêne blanc d'Amérique

UN ARBRE SINGULIER
Les deux espèces de tulipiers, provenant l'une d'Amérique du Nord, l'autre de Chine, ont de grandes feuilles à extrémité tronquée, qui ne ressemblent à celles d'aucun autre arbre. L'échantillon ci-dessus est une jeune feuille à deux pointes. Les grandes feuilles bien développées ont généralement quatre pointes, réparties de diverses manières.

Nervures parallèles

UN FOSSILE VIVANT
Les feuilles en éventail des ginkgos primitifs n'ont pas changé depuis 200 millions d'années. Autrefois cantonné en Chine, cet arbre est maintenant planté dans les parcs du monde entier.

Erable du Japon à feuilles de vigne

DES FEUILLES PALMÉES
Les feuilles d'érable se reconnaissent facilement à leurs formes souvent palmées comme des mains. Cependant, certaines espèces, comme les érables jaspés de Chine, du Japon ou d'Amérique du Nord, peuvent prêter à confusion : leurs feuilles sont à peines lobées. Les feuilles d'autres érables, tel l'érable negundo, sont composées.

Erable jaspé

Erable du Japon

ARBRES DES VILLES
Bien qu'ils aient tous deux des feuilles palmées, platanes et érables peuvent être facilement différenciés grâce à leurs fruits (p. 41). Les feuilles de platane ont une surface dure et vernissée, facilement lavée par la pluie, ce qui leur permet de bien résister à l'air pollué des grandes villes.

DES FEUILLES TARDIVES
De tous les arbres à feuilles caduques, c'est chez le catalpa, ou «arbre à haricots», que l'on trouve les feuilles simples les plus grandes. Elles peuvent atteindre 30 cm de long. Les catalpas sont originaires de régions subtropicales.

Catalpa adulte

PLUSIEURS FOLIOLES NE FORMENT QU'UNE SEULE FEUILLE

Certaines feuilles composées mesurent jusqu'à un mètre, de leur attache sur le rameau à leur extrémité. Elles figurent parmi les plus grandes que l'on puisse trouver chez les feuillus, à tel point qu'on a souvent l'impression qu'il s'agit d'une série de feuilles attachées sur un rameau. À chaque feuille composée correspond un seul bourgeon et, quand l'automne arrive, la plupart d'entre elles tombent d'un seul tenant, chacune laissant sur le rameau une grande cicatrice foliaire.

UN NOMBRE INUSUEL DE FOLIOLES
Les feuilles composées à trois folioles sont plutôt rares. On les trouve sur certains érables, sur l'orme à trois feuilles américain et sur le cytise d'Europe, cultivé pour ses fleurs jaunes.

Carya adulte

Feuille de cytise

FEUILLES DE LA FAMILLE DES LÉGUMINEUSES
Des folioles arrondies disposées par paires caractérisent souvent les arbres de la famille des légumineuses. Dans cette famille, on trouve en particulier les acacias et les robiniers d'Amérique du Nord, encore appelés faux acacias.

FOLIOLES DENTÉES
Le sorbier des oiseaux, aux feuilles duveteuses, pousse partout, des rues des villes aux flancs des collines rocheuses.

Folioles plus grandes vers l'extrémité de la feuille

Folioles presque toutes de la même taille

CARYAS ET NOYERS
Les caryas, les noyers et les ptérocaryas appartiennent à la même famille d'arbres. Tous ont de grandes feuilles composées qui peuvent atteindre 75 cm de long. Cette feuille est celle du carya amer, une des espèces de carya que l'on peut trouver dans les grandes forêts de l'est des Etats-Unis.

FOLIOLES ÉTROITES
Les feuilles élégantes du sumac de Virginie sont très répandues dans les terres incultes des Etats-Unis et dans les jardins d'Europe. Les tiges ramifiées de ce petit arbre sont couvertes de poils fins et denses, les faisant ressembler aux bois d'un cerf avant que le velours ne tombe.

Feuille de marronnier
commun

*Folioles disposées
en cercle*

Frêne adulte en feuilles

FEUILLES CLAIRSEMÉES
En Europe, l'arbre à feuilles composées le plus courant est le
frêne. Les feuilles de frêne sont grandes mais peu denses et, de
ce fait, un frêne, même grand, ne dispense qu'une ombre légère.
En automne, les feuilles tombent tardivement. On attribuait
traditionnellement au frêne des pouvoirs de guérison, et on
croyait qu'un enfant malade serait guéri s'il passait à travers les
branches d'un frêne.

FEUILLES PALMÉES
Les feuilles de tous les arbres de la famille
des marronniers ont des folioles disposées
comme les doigts d'une main. Le marronnier
commun a 7 ou 9 folioles, alors que le
marronnier de Californie n'en a que 5.

Angélique en arbre

**FEUILLES DOUBLEMENT
COMPOSÉES**
Les angéliques en
arbre d'Amérique du
Nord ont d'énormes
feuilles doublement
composées, chaque
foliole étant attachée
sur une ramification
latérale du pétiole. Peu
courantes, ces feuilles
peuvent dépasser un mètre
de long, et autant de large.
Les feuilles doublement
composées ne se
retrouvent que sur un
autre arbre commun
provenant d'Amérique du
Nord : le chicot du
Canada, de la famille des
légumineuses. Au siècle
dernier, ses graines étaient
utilisées comme substitut
du café.

*Folioles disposées par
paires et de taille égale*

LES CONIFÈRES S'HABILLENT D'AIGUILLES OU D'ÉCAILLES

Les écailles et les aiguilles des conifères sont tout à fait différentes des feuilles des arbres feuillus. Elles ont des nervures parallèles, une surface dure et coriace. À quelques exceptions près, comme le mélèze, elles restent sur l'arbre toute l'année. Il existe sept familles de conifères, les plus importantes étant celles des pins, des séquoias et des cyprès. La famille des pins, les pinacées, comprend aussi les sapins, les épicéas, les cèdres et les mélèzes. Les formes des feuilles de conifères sont très variées : aiguilles fines pour les pins, les cèdres et les mélèzes ; aiguilles plus larges et aplaties pour les sapins, les ifs et les séquoias ; écailles pour les cyprès.

CONIFÈRES D'ORNEMENT
Nombre d'espèces de conifères ont été sélectionnées pour leur feuillage ornemental, qui peut être vert, jaune ou bleu. Ces écailles plumeuses appartiennent à une variété du cyprès de Sawara.

Cèdre bleu de l'Atlas

Aiguilles du cèdre bleu cultivé

Aiguilles par deux

AIGUILLES EN ROSETTE
Certains conifères sont, à tort, appelés cèdres. Les vrais cèdres se reconnaissent à leurs aiguilles disposées en rosette.

Pin sylvestre

Aiguilles par cinq

Pin cembro ou arolle

AIGUILLES GROUPÉES
Tous les pins ont de longues aiguilles groupées par deux, trois ou cinq. Chaque aiguille est recouverte d'une fine couche protectrice, la cuticule, et d'un revêtement de cire. Ensemble, ils réduisent la transpiration et permettent aux pins de vivre dans des endroits trop secs pour la plupart des autres conifères.

Aiguilles aplaties, vert sombre

Pin de Monterey

Aiguilles par trois

DES FEUILLES POUR TOUTES LES SAISONS
Les sapins ont des aiguilles aplaties et dures. Comme beaucoup d'autres conifères, ils peuvent supporter de lourdes chutes de neige. Leurs branches inclinées et leurs aiguilles lisses et flexibles permettent à la neige de glisser, évitant ainsi que la surcharge ne les casse. Les aiguilles possèdent un dispositif «antigel» et ne sont pas endommagées par le froid.

Face inférieure des aiguilles du sapin commun

LES GARDIENS DES CIMETIÈRES
Le sombre feuillage de l'if est toxique. Souvent planté dans les cimetières, l'if est devenu symbole de mort.

Les aiguilles des sapins sont souvent d'une couleur différente sur chaque face

Face supérieure des aiguilles du sapin commun

UN CONIFÈRE QUI «REJETTE DE SOUCHE»
Une fois abattu, le séquoia de Californie, ou redwood, produit des pousses à partir de la souche, comme le font certains feuillus (p. 61).

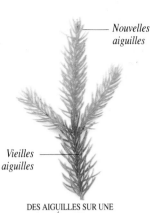

Nouvelles aiguilles

Vieilles aiguilles

DES AIGUILLES SUR UNE PROTUBÉRANCE
Les épicéas ont des aiguilles pointues, attachées au rameau par une petite protubérance. Le «sapin de Noël» est la plupart du temps un épicéa commun. Quand ses aiguilles tombent, leurs attaches en relief restent bien visibles.

DES ÉCAILLES TOUT AUTOUR DU RAMEAU
Le cryptoméria du Japon a des feuilles en petites écailles, réparties tout autour du rameau. Il appartient à la famille des séquoias, les taxodiacées.

Feuilles triangulaires et coriaces à extrémité piquante

«Désespoir des singes»

UN ARBRE ÉTRANGE
Le «désespoir des singes» est impossible à confondre avec un autre arbre. Egalement appelé araucaria du Chili, il fait partie d'une famille de conifères peu connus, essentiellement présents en Amérique du Sud et en Australie. On le cultive comme arbre d'ornement dans de nombreuses régions d'Europe et d'Amérique du Nord.

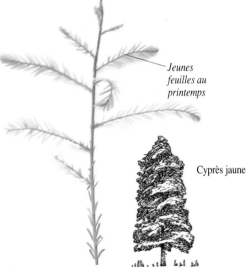

Jeunes feuilles au printemps

Cyprès jaune

L'ÉCLOSION DES FEUILLES
Le cyprès chauve est un conifère caduc, de la famille des séquoias, comme son lointain cousin le métaséquoia (ci-dessous). Ses feuilles jaunâtres au début du printemps deviennent vert foncé ensuite.

Aiguilles douces et souples, tombant à l'automne

UN CONIFÈRE CADUC
Les mélèzes peuvent pousser dans les climats les plus froids. Comme chez les cèdres, leurs aiguilles sont disposées en rosette mais, par contre, tombent en automne.

Feuillage en écailles aplaties, caractéristique des cupressacées

FEUILLAGES ODORANTS
Les thuyas appartiennent à la famille des cyprès, les cupressacées. Le thuya géant est facile à identifier grâce à l'odeur d'ananas que dégage son feuillage quand on le froisse. Beaucoup d'autres conifères ont un feuillage odorant. Le sapin géant, par exemple, sent l'orange.

DES ÉCAILLES DISPROPORTIONNÉES
Bien que le séquoia géant, ou wellingtonia, soit un des arbres les plus gros du monde, il a des feuilles très petites. Ce sont de toutes petites écailles, étroitement imbriquées autour du rameau.

EN EXTRÊME-ORIENT, UN FOSSILE VIVANT
Le feuillage penné du métaséquoia était connu sous forme de fossiles remontant à des millions d'années. On le pensait disparu jusqu'à ce qu'on le découvre en 1940 dans une région reculée de Chine.

Aiguilles douces et aplaties, tombant en automne

DEUX SORTES DE FEUILLES
Certains genévriers ont tout d'abord des feuilles piquantes, quand ils sont jeunes. Les écailles n'apparaissent que plus tard. Le genévrier commun (ci-contre) n'a que des aiguilles. Les couleurs des genévriers cultivés présentent toutes sortes de nuances de vert, de jaune et de bleu.

AUTANT EN EMPORTE LE VENT…

La taille, la forme et la disposition des fleurs varient d'un arbre à l'autre. Certains palmiers ont des inflorescences massives, parfois de plusieurs mètres, alors que d'autres arbres tout aussi grands ont des fleurs minuscules, difficiles à observer sans loupe. Tous les feuillus produisent de vraies fleurs, tandis que sur les conifères apparaissent des structures plus simples. Mais leur système de reproduction reste le même : pour beaucoup, c'est le vent qui transporte les cellules reproductrices mâles, les grains de pollen, vers les cellules femelles.

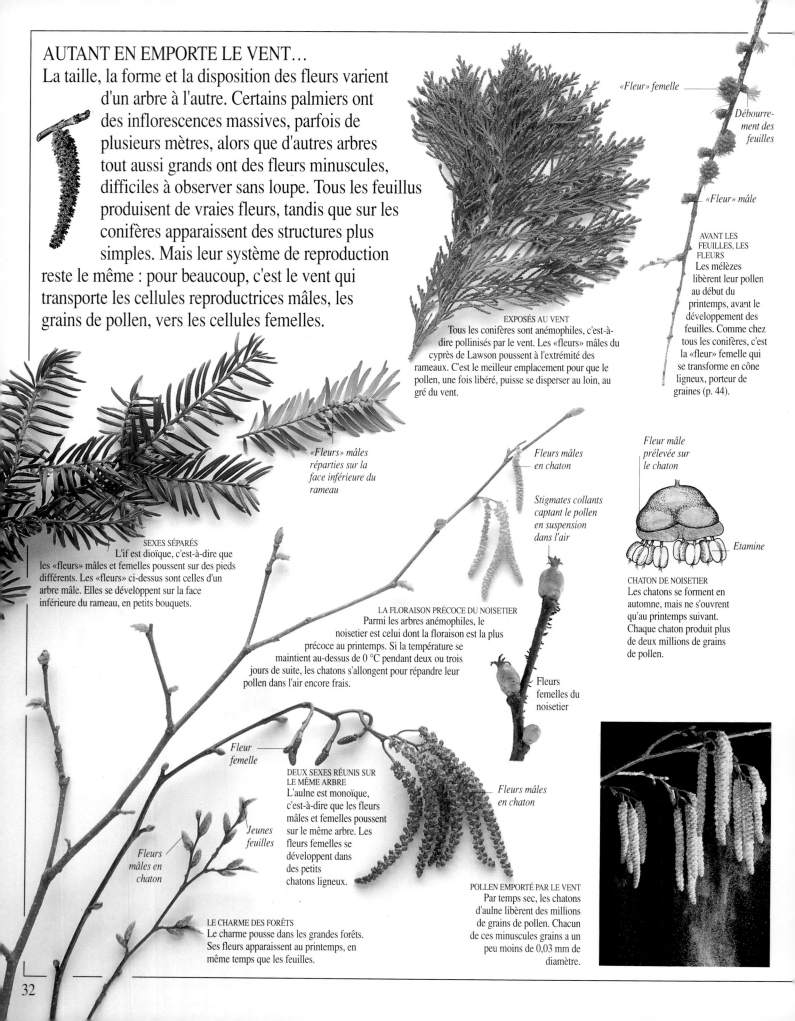

«Fleur» femelle

Débourre-
ment des
feuilles

«Fleur» mâle

AVANT LES FEUILLES, LES FLEURS
Les mélèzes libèrent leur pollen au début du printemps, avant le développement des feuilles. Comme chez tous les conifères, c'est la «fleur» femelle qui se transforme en cône ligneux, porteur de graines (p. 44).

EXPOSÉS AU VENT
Tous les conifères sont anémophiles, c'est-à-dire pollinisés par le vent. Les «fleurs» mâles du cyprès de Lawson poussent à l'extrémité des rameaux. C'est le meilleur emplacement pour que le pollen, une fois libéré, puisse se disperser au loin, au gré du vent.

«Fleurs» mâles réparties sur la face inférieure du rameau

Fleurs mâles en chaton

Stigmates collants captant le pollen en suspension dans l'air

Fleur mâle prélevée sur le chaton

Etamine

CHATON DE NOISETIER
Les chatons se forment en automne, mais ne s'ouvrent qu'au printemps suivant. Chaque chaton produit plus de deux millions de grains de pollen.

SEXES SÉPARÉS
L'if est dioïque, c'est-à-dire que les «fleurs» mâles et femelles poussent sur des pieds différents. Les «fleurs» ci-dessus sont celles d'un arbre mâle. Elles se développent sur la face inférieure du rameau, en petits bouquets.

LA FLORAISON PRÉCOCE DU NOISETIER
Parmi les arbres anémophiles, le noisetier est celui dont la floraison est la plus précoce au printemps. Si la température se maintient au-dessus de 0 °C pendant deux ou trois jours de suite, les chatons s'allongent pour répandre leur pollen dans l'air encore frais.

Fleurs femelles du noisetier

Fleur femelle

DEUX SEXES RÉUNIS SUR LE MÊME ARBRE
L'aulne est monoïque, c'est-à-dire que les fleurs mâles et femelles poussent sur le même arbre. Les fleurs femelles se développent dans des petits chatons ligneux.

Jeunes feuilles

Fleurs mâles en chaton

Fleurs mâles en chaton

LE CHARME DES FORÊTS
Le charme pousse dans les grandes forêts. Ses fleurs apparaissent au printemps, en même temps que les feuilles.

POLLEN EMPORTÉ PAR LE VENT
Par temps sec, les chatons d'aulne libèrent des millions de grains de pollen. Chacun de ces minuscules grains a un peu moins de 0,03 mm de diamètre.

*Démarrage de
la pousse*

*Groupe de
«fleurs»
mâles*

TRACES DU PASSÉ
Les grains de pollen ont une
grande capacité à se
conserver. Les palynologistes
peuvent déterminer les
espèces d'arbres qui vivaient
autrefois à partir des grains
de pollen
conservés dans
la tourbe.

*Groupe de
fleurs femelles*

DU POLLEN DANS LES RUES
Les platanes, arbres d'ornement, produisent
au printemps d'énormes quantités de pollen
qui se répandent dans les rues. Les fleurs
mâles et femelles sont groupées en
boules et pendent des branches
par grappes.

DU POLLEN «À VOILE»
Les pins produisent en grande
quantité des grains de pollen que l'on
peut libérer sous forme d'un nuage jaune en
donnant un coup sec sur les «fleurs» mâles. Les
grains de pollen de pin ont deux petits ballonnets
remplis d'air qui jouent le rôle de voiles leur permettant
de voyager, loin dans les airs.

*Groupe de
«fleurs» mâles
de pin sylvestre*

CHATONS À FLEURS ESPACÉES
Les chatons discrets et
dispersés du chêne
pédonculé apparaissent
tardivement au
printemps, en bouquets
désordonnés. Les fleurs
femelles qui se transformeront
en glands sont groupées à
l'extrémité des nouvelles
pousses.

*Chatons ramifiés
en trois parties*

*Fleurs femelles
sur un
pédoncule ; c'est
la caractéristique
du chêne pédonculé*

Chaton

CHATONS RAMIFIÉS
Les caryas libèrent leur
pollen tôt en été, à partir de
chatons ramifiés en trois branches.
Les fleurs femelles, situées au bout de la
pousse, sont tout à fait insignifiantes.

*Stigmates de la
fleur femelle*

ANCIENNES ET NOUVELLES POUSSES
Les chatons du noyer se développent sur la
pousse de l'année précédente. Les fleurs
femelles, plus petites, dont on
aperçoit ci-contre les
stigmates collants,
apparaissent à
l'extrémité de la
nouvelle pousse

33

CES INSECTES QUI COOPÈRENT AVEC LES FLEURS

Les fleurs les plus voyantes sont généralement pollinisées par des insectes : on parle de fleurs entomophiles. Leur nectar riche en sucre attire les abeilles, les papillons, les coléoptères, les mouches et d'innombrables autres insectes. Les grains de pollen – jusqu'à 0,3 millimètre de diamètre – sont plus gros que ceux des fleurs anémophiles, pollinisées par le vent. Ils ont également une enveloppe collante qui leur permet d'adhérer au corps des insectes pour être transportés d'un arbre à l'autre.

UN PARFUM ATTIRANT
Le merisier à grappes attire les insectes, non seulement par la couleur mais aussi par l'odeur. Comme chez de nombreuses plantes entomophiles, ses fleurs sécrètent un parfum d'amande.

Pistil
(femelle)

Etamine (mâle)

Les insectes transportent le pollen des étamines mâles vers l'ovule femelle contenu dans le pistil

Ovule (femelle)

Fleur composée de pièces charnues

Après la pollinisation, les fleurs se flétrissent, laissant aux abeilles le passage libre vers les fleurs non pollinisées

LE CERISIER DU JAPON « KANZAN »
C'est une des variétés les plus répandues dans les jardins. De grosses touffes de fleurs pendent des branches au printemps, mais cette variété ne produit jamais de fruits. Ces fleurs sophistiquées ont été tellement sélectionnées pour l'ornement que leurs organes reproducteurs ne sont plus fonctionnels.

UNE FAMILLE ANCIENNE
Les premières fleurs apparues sur Terre appartenaient à la famille des magnolias et leurs fleurs en forme de coupe ont probablement peu évolué depuis 200 millions d'années. Les pétales sont disposés en spirale autour d'un point central contenant le pistil femelle et les étamines mâles.

UNE PROFUSION DE VARIÉTÉS
Au cours des siècles, à partir de quelques cerisiers sauvages, on a obtenu des centaines de variétés ornementales. Le cerisier à fleurs du Japon est probablement issu de quatre espèces sauvages.

Double verticille de pétales, n'existant que chez les variétés cultivées

Etamines et pistil réduits

Double verticille de pétales

POMMIER D'ORNEMENT
Depuis l'époque des Romains, les pommiers ont été cultivés non seulement pour leurs fruits (p. 39) mais aussi pour leurs fleurs. Celles-ci sont composées de cinq pétales insérés sur une coupe appelée réceptacle, à l'exemple de celles de ce pommier décoratif. Après la pollinisation par les insectes butineurs, le réceptacle enfle et devient la chair qui entoure le fruit.

Verticille de cinq pétales

UN SEXE À LA FOIS
L'épine noire ou prunellier est un arbuste, ou un petit arbre, qui fleurit avant l'éclosion de ses feuilles. Comme chez beaucoup de fleurs, le pistil mûrit avant que les étamines ne libèrent leur pollen collant. Cela évite l'autofécondation.

Touffe de fleurs sur un rameau latéral épineux

Lichen crustacé

TOUS SEXES CONFONDUS
Le marronnier commun est pollinisé par les abeilles. Chaque grappe de fleurs contient un mélange de types différents : certaines sont entièrement mâles, tandis que d'autres sont à la fois mâles et femelles. Seul le second type produit des fruits, les marrons d'Inde.

Etamine mûre couverte de pollen

VERGERS PANACHÉS
Les fleurs de la plupart des variétés de pommiers ne produisent de fruits que si elles reçoivent le pollen d'une autre variété. En plantant des rangées de variétés différentes, l'arboriculteur est assuré que les abeilles transporteront le pollen d'une variété à l'autre.

CES ANIMAUX PAR QUI LE POLLEN ARRIVE

Indépendamment des insectes, d'autres animaux, oiseaux ou chauves-souris, jouent le rôle de pollinisateurs pour les arbres dont les fleurs sont spécialement adaptées. Par leur couleur et leur parfum, elles attirent les animaux en quête d'une gorgée de nectar, mais leur forme est telle qu'ils ne peuvent se nourrir de ce liquide sucré sans, au passage, être saupoudrés de pollen qu'ils transportent ailleurs, favorisant ainsi la formation des graines.

Chaque fleur a cinq pétales. La paire inférieure forme comme une carène de bateau qui s'ouvre brusquement quand l'insecte se pose

DES FLEURS «À RESSORT»
Les fleurs de l'arbre de Judée sont structurées de telle façon que le poids de l'insecte pollinisateur les fait s'ouvrir brusquement. Du pollen se colle alors sur l'insecte, qui l'emporte avec lui.

DES FLEURS MINUSCULES
Les érables ont des grappes de fleurs riches en nectar, apparaissant avant ou en même temps que les feuilles. Chacune de ces petites fleurs a un verticille d'étamines productrices de pollen. Les fleurs ci-dessus appartiennent à l'érable sycomore, le roi des érables.

Arbre de Judée en fleur

Aubépine cultivée, ayant deux verticilles de pétales

Aubépine sauvage

AIRE D'ATTERRISSAGE
Les petites fleurs groupées, serrées les unes contre les autres, comme celles du sorbier des oiseaux, offrent aux insectes une aire d'atterrissage confortable.

UNE EXPLOSION DE COULEURS
L'aubépine produit des fleurs exhalant un parfum lourd. La variété *'Biflora'* a comme particularité de fleurir deux fois par an.

Bractée

Fleur

Fleur venant d'éclore, avec ses pétales retroussés

Bourgeon à fleurs

FAUX PÉTALES
Chez la plupart des fleurs, ce sont les pétales qui sont grands et bien visibles, attirant ainsi les pollinisateurs. Mais certaines fleurs ont d'autres moyens de se faire remarquer. Cette fleur vient d'un cornouiller d'Amérique du Nord. Les quatre éléments qui ressemblent à des pétales sont en fait des feuilles spéciales, les bractées, qui attirent les insectes vers les fleurs minuscules situées au centre.

Zone voyante sur les pétales, marquant l'entrée de la fleur

Tube conduisant au nectar

Corolle de six pétales

Sépales retournés

UN NOM QUI ÉVOQUE UNE FORME
Le tulipier est proche des magnolias (p. 34). Il tient son nom de ses fleurs en forme de coupe qui, comme celles des magnolias, sont grandes et organisées en spirale.

Parties supérieure et inférieure du bec formant un tube étroit pour aspirer le nectar

LA POLLINISATION PAR LES OISEAUX
En Amérique, les colibris, ou oiseaux-mouches, pollinisent de nombreuses espèces de plantes, y compris certains arbres. Leur long bec pénètre profondément dans la fleur, à la recherche du nectar.

FLEURS TUBULAIRES
Les fleurs du catalpa, ou «arbre à haricot», ont une architecture qui oblige les insectes à pénétrer à l'intérieur d'un tube pour atteindre le nectar. Ce faisant, il sont saupoudrés de pollen.

Poils au bout de la langue formant une brosse pour la récolte du pollen

LA POLLINISATION PAR LES CHAUVES-SOURIS
Parmi les arbres pollinisés par les chauves-souris, on trouve le baobab et le kapokier. Tous deux ont de grandes fleurs qui produisent d'importantes quantités de nectar, spécialement la nuit. Les chauves-souris se nourrissent à la fois de nectar et de pollen, qu'elles transportent de fleur en fleur sur leur langue et leur museau. La plupart des chauves-souris pollinisatrices voltigent devant la fleur, à la manière des oiseaux-mouches, mais en poussant moins loin les acrobaties.

LE PARFUM : UN MOYEN DE SÉDUCTION
Les fleurs de sureau ont une forte odeur, très attirante pour les insectes, particulièrement les syrphes. C'est ce parfum que l'on retrouve dans le vin de sureau, une macération de fleurs cueillies dès leur éclosion, avant que leur odeur ne devienne fétide.

CES FRUITS QUI FONT ENVIE

Après la pollinisation, la partie femelle de la fleur produit les graines. Pour disséminer leurs graines, les arbres sont confrontés au même problème que pour disperser leur pollen : ils sont par nature immobiles et il faut donc qu'un intermédiaire s'en charge. Bon nombre d'entre eux produisent des fruits charnus de couleur vive qui attirent les animaux et spécialement les oiseaux. En échange de ce repas, involontairement, l'oiseau dispersera au loin les graines, en rejetant ses fientes. De nouveaux arbres prendront naissance là où les graines sont tombées.

LE FRUIT DÉFENDU
On dit souvent qu'Eve se laissa tenter par le serpent qui lui tendait une pomme. En fait, la Bible ne précise pas ; elle parle seulement d'un fruit.

Petite graine entourée d'une enveloppe charnue, appelée arille

COULEURS CHIMIQUES
Les baies rouges, comme celles du sorbier des oiseaux, sont colorées par des carotènes. Ceux-ci tiennent leur nom du fait qu'ils colorent aussi les carottes en orange.

FRUITS EMPOISONNÉS
Les ifs, comme les genévriers, sont des conifères, mais ils ont la particularité de produire des baies colorées et juteuses, comme celles des feuillus. Quand un oiseau se nourrit de ces fruits rouge vif, l'arille charnue est digérée, mais la graine, qui est toxique, passe à travers le corps et en ressort intacte.

AU CŒUR DE L'ÉTÉ, LES MÛRES
Selon une légende grecque, les fruits du mûrier ont été colorés en rouge par le sang de Pyrame, l'amant désespéré, que l'on retrouve dans *le Songe d'une nuit d'été* de Shakespeare.

Mûre de mûrier noir, en train de mûrir

Mûre noire à maturité

La chenille du bombyx du mûrier (ver à soie) se nourrit exclusivement de feuilles de mûrier blanc

Mûres qui pendent sous les feuilles

NOURRITURE POUR L'HIVER
Les baies d'aubépine sont vitales pour les oiseaux en hiver. Elles restent longtemps sur l'arbre, alors que la plupart des autres baies des haies ont déjà disparu.

LE SUREAU CONQUÉRANT
Les baies de sureau sont fréquemment mangées par les oiseaux. Les graines qu'ils rejettent avec leurs fientes peuvent germer et pousser dans très peu de terre. Il arrive même que les sureaux poussent sur des maisons, si une graine a germé dans le mur.

FRUITS CULTIVÉS

Depuis les premières plantations volontaires de graines, les jardiniers ont passé des siècles à améliorer et à adapter les fruits aux besoins de l'homme, en reproduisant puis en sélectionnant les arbres. Ainsi, à travers l'évolution de la pomme, on peut apprécier les transformations apportées par ces techniques. Les pommes sauvages des bois et des haies sont petites et aigres et ne sont appréciées que des oiseaux. Plus d'un millier de variétés cultivées ont été produites, toutes à fruits plus gros et plus sucrés que ceux de leurs ancêtres sauvages. C'est le résultat de multiples sélections de graines et de croisements des arbres les plus prometteurs entre eux, pour tenter de cumuler les meilleurs caractères de chacun.

LA POMOLOGIE OU SCIENCE DES POMMES

Les producteurs de pomme, ou pomologues, font appel à la génétique pour produire des pommes à saveur agréable et faciles à cueillir. Des variétés récentes de pommiers peuvent être taillés, lorsque les arbres sont encore jeunes, à un mètre de hauteur seulement, ce qui simplifie leur exploitation.

La «Worcester pearmain», une variété récente

Une enveloppe charnue se développe autour de la base de la fleur après pollinisation

Pépins

La reinette grise, une variété ancienne assez courante, à peau rêche et épaisse

Noyau dur, typique du fruit des Prunus

Poire

Pépins

Cloison séparant les carpelles

Nectarine

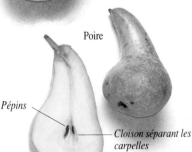

DU NOYAU AU FRUIT
Comme tous les pruniers, ceux de Damas sont faciles à faire pousser à partir du noyau. Leurs fruits sont parmi les plus petites prunes cultivées.

D'ORIGINE SAUVAGE
La plupart des pruniers cultivés sont des descendants de deux arbustes sauvages, le prunellier ou épine noire (p. 35) et le prunier myrobolan.

UN AIR DE FAMILLE
A l'intérieur du groupe des *Prunus*, on trouve les pruniers, et aussi les cerisiers, les pêchers, les pêchers-nectarines et les amandiers.

UNE DIVISION EN COMPARTIMENTS
Dans les pommes et les poires, la loge où se trouvent les graines est divisée en cinq carpelles, contenant chacun un ou deux pépins.

LES AGRUMES
Les agrumes comme les citrons et les oranges contiennent des sucres et de l'acide citrique. Chez les citrons, l'acidité l'emporte sur les sucres, donnant au fruit sa saveur originale.

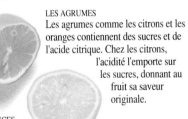

DES SAVEURS DOUCES ET AMÈRES
Les oranges, à l'origine, proviennent d'Asie. L'oranger doux, utilisé pour l'alimentation, et l'oranger amer, utilisé pour la marmelade, sont deux variétés différentes.

Carpelles visibles sur la partie aplatie au sommet du fruit

ALIMENTATION DE BASE
Les grives, dont la grive litorne, les merles et de nombreux autres oiseaux comptent sur les baies pour survivre l'hiver.

LA NÈFLE
Comme chez la pomme, la loge contenant les graines d'une nèfle est divisée en cinq carpelles. En général, on ne mange les nèfles que lorsqu'elles commencent à devenir blettes.

L'OLIVE : UN FRUIT MILLÉNAIRE
Du point de vue botanique, l'olive est un fruit. Dès les premières civilisations méditerranéennes, elle était cultivée pour son huile.

POUR LES GRAINES, TOUS LES CHEMINS SONT BONS

Les arbres disséminent leurs graines de multiples façons : certains les entourent de baies qui attirent les oiseaux (p. 38), d'autres les produisent à l'intérieur d'enveloppes dures. Les graines constituent, avec leur enveloppe, le fruit de l'arbre. La forme exacte de ce fruit dépend de son mode de dissémination par les mammifères, le vent ou l'eau. Les grosses graines bien protégées de certains arbres, comme les noyers et les hêtres, sont emportées au loin par des mammifères affamés, des écureuils par exemple. Celles qu'ils ne mangent pas peuvent germer. D'autres arbres, tel l'érable, ont des fruits ailés, transportés par le vent. Enfin, l'aulne et diverses espèces poussant sur les berges des rivières et des étangs profitent de l'eau et de son courant. L'enveloppe des graines d'aulne contient une gouttelette d'huile, qui leur permet de flotter et de se laisser déposer sur des berges boueuses où elles vont germer.

GRAINES EN CHATON
A la fin de l'été, les ptérocaryas, originaires d'Asie et du Japon, sont couverts de chatons géants qui pendent de leurs branches. Ce sont en fait de longues grappes de fruits ailés. Les courtes ailettes favorisent probablement la dissémination des graines mûres.

Avelines

NOISETTES ET AVELINES
Les noisettes sauvages sont de petite taille, mais on peut trouver sous le nom d'aveline de plus grosses noisettes venant du sud-est de l'Europe.

FESTIN SOUS LES HÊTRES
Une fois par an, les hêtres produisent des faines. Autrefois, on lâchait les cochons dans les hêtraies pour qu'ils s'engraissent de leurs graines, riches en huile.

DES GRAINES SUR UN FIL
A l'intérieur du fruit allongé et rouge vif, on devine les graines arrondies du magnolia acuminé, l'«arbre à concombre». Chaque renflement de ce fruit s'ouvre sur une graine brillante rouge, suspendue à un fil ressemblant à de la soie.

DES PETITES GRAINES
Les pistaches poussent sur un petit arbre d'origine asiatique, actuellement répandu dans le bassin méditerranéen et le sud des Etats-Unis.

Une bogue épineuse protège les graines durant leur développement

Les bogues du marronnier sont habituellement épineuses

Marchand de marrons grillés

CHAUD LES MARRONS !
Les marrons grillés sont délicieux et nourrissants. Les meilleures châtaignes proviennent de régions chaudes comme l'Espagne et la Californie.

LES FRUITS DU MARRONNIER
Les marrons d'Inde sont légèrement toxiques pour les humains. En revanche, certains animaux comme les cervidés, les moutons et les bovins peuvent en manger de grandes quantités sans ressentir le moindre trouble.

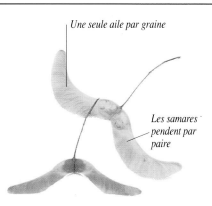

Une seule aile par graine

Les samares pendent par paire

SAMARES AILÉES DE L'ÉRABLE
Les érables ont leurs graines enfermées dans des fruits ailés. Quand ces fruits secs se détachent de l'arbre, ils tournoient jusqu'au sol comme l'hélice d'un hélicoptère miniature.

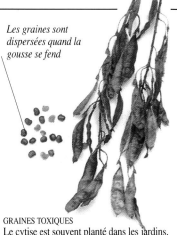

Les graines sont dispersées quand la gousse se fend

GRAINES TOXIQUES
Le cytise est souvent planté dans les jardins. Ses graines sont extrêmement toxiques. Comme chez toutes les papilionacées, elles sont enfermées dans une gousse.

Les samares de frêne restent souvent sur l'arbre en hiver

SAMARES AILÉES DU FRÊNE
Les frênes entièrement femelles produisent des samares ailées et, certaines années, toutes les branches en portent. Au contraire, les arbres mâles n'en ont pas. Sur les arbres à la fois mâles et femelles, seules les branches femelles portent des fruits.

PETITS FRUITS DU TILLEUL
Les tilleuls ont des petites touffes de fleurs jaunâtres et odorantes. Une fois pollinisée, chaque fleur se transforme en un fruit sec, dur et velouté, contenant de petites graines.

Longues grappes de graines, progressivement désintégrées pendant l'hiver

ARBRES PIONNIERS
Chaque graine de bouleau est enfermée dans une enveloppe munie de deux petites ailes. Les fruits sont suffisamment légers pour être emportés par le vent sur de longues distances. Aussi les bouleaux colonisent-ils rapidement les terrains en friche.

Fruit composé, encore vert

Glands mûrs du chêne chevelu

Gland sain, terminant son développement

GRAINES COMESTIBLES
La plupart des chênes ne commencent à produire des glands qu'à l'âge de 50 ans environ. Pour un botaniste, les glands sont en fait des fruits, mais on ne les appelle pas communément «fruit» parce qu'ils sont rarement consommés. Autrefois, pourtant, en Californie, une tribu d'Indiens utilisait comme nourriture de base une farine obtenue à partir de glands broyés.

Gland déformé par une galle provoquée par une larve de cynips

DES FRUITS EN FORME DE VOLANT DE BADMINTON
Les graines du tulipier se développent dans un «cône» allongé et étroit formé d'akènes. Au départ, le fruit est vert, mais il devient progressivement brun et, en s'ouvrant, il ressemble à un volant de badminton. Le «cône» se désarticule un an après la floraison.

«CÔNES» D'AULNE
Les graines d'aulne se développent à l'intérieur des chatons femelles. Ce chaton ligneux ressemble à un cône de pin miniature à maturité, alors qu'aulne et pin n'ont aucune parenté botanique.

Brou entourant la noix

Enveloppe ligneuse

Graine comestible

LA NOIX FAVORITE DES AMÉRICAINS
La noix de pécan provient d'Amérique du Nord. Elle est produite par un arbre apparenté aux noyers et son goût est très proche de celui des vraies noix.

LES PROVISIONS CACHÉES DES ÉCUREUILS
De nombreuses graines sont mangées sur place par les écureuils et d'autres emportées comme réserves pour l'hiver. Celles qui n'auront pas été mangées germeront au printemps.

LE BROU ET LA NOIX
Sur l'arbre, une noix est recouverte d'une enveloppe verte, le brou, qui peu à peu devient noire, se disloque et laisse apparaître la noix dure qui protège la graine.

POILS IRRITANTS
Les graines de platane se développent serrées les unes contre les autres, en boules compactes présentes sur l'arbre tout l'hiver. Au printemps, elles se désagrègent, libérant les graines et des millions de minuscules poils dorés, qui peuvent provoquer un picotement des yeux ou une envie de pleurer.

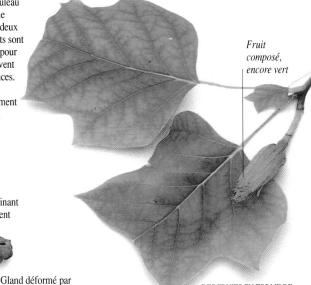

AUX TROPIQUES, LES ARBRES FRUITIERS VOYAGENT

Les arbres tropicaux à fruits et à graines comestibles sont cultivés depuis fort longtemps. Ainsi, le palmier dattier est connu depuis au moins 5 000 ans. Pour son alimentation, l'homme a introduit d'innombrables espèces d'un continent à l'autre. La papaye, l'avocat et le cacao, originaires d'Amérique du Sud, en sont des exemples, de même que la mangue, qui vient d'Asie. Le plus réputé de ces voyageurs tropicaux est sans doute l'arbre à pain. La première tentative pour le transporter des mers du Sud vers les Indes occidentales s'est soldée par un échec : l'équipage du bateau qui transportait les jeunes plants, la *Bounty,* se mutina contre le fameux capitaine Bligh.

Le cocotier, un arbre qui se dissémine par ses graines flottantes

GOUSSES DE TAMARINIER
Le tamarinier, arbre des Indes, fait partie de la famille des papilionacées (p. 28) et, comme tous ses «parents», il produit ses graines dans des gousses, utilisées en médecine traditionnelle. La chair qui entoure les graines est une épice précieuse.

LE COMMERCE DES ÉPICES
De nombreuses épices destinées à assaisonner les aliments sont extraites des graines des arbres.

Noix de muscade sèche

NOIX DE MUSCADE ET MACIS
Le muscadier produit deux épices différentes : la première, la noix de muscade proprement dite, est la graine. La seconde est le macis, enveloppe charnue et fibreuse fortement parfumée, qui entoure la graine.

La coquille dure protège les graines comestibles

Graines et enveloppe pèsent à elles deux 1,5 kg

NOIX DU BRÉSIL
Ces noix viennent des forêts tropicales d'Amazonie et poussent sur des arbres sauvages, qui n'ont jamais pu être cultivés. On doit donc les récolter dans la forêt, ce qui présente beaucoup de difficultés, à la fois parce que les arbres sont souvent très grands et parce que les noix sont protégées par des coques ligneuses dures à briser.

Un pédoncule attache la «marmite» à l'arbre

Epaisse coque ligneuse autour des graines

Orifice fermé par un opercule

L'enveloppe légère joue le rôle de flotteur

LES VAGABONDS DES MERS
De nombreux arbres poussant sur les côtes tropicales disséminent leurs graines en les laissant tomber dans la mer, qui les emporte au gré des courants. Certaines coulent tout de suite, mais d'autres finissent par atteindre des côtes parfois très éloignées de leur point de départ et s'enracinent. Cette graine provient d'un arbre appelé *Barringtonia.* Ses fleurs s'ouvrent la nuit et se fanent à l'aube.

Graines de lécythide

LA «MARMITE DES SINGES»
Le lécythide est proche du noyer du Brésil. Ses coques étaient utilisées autrefois par les Indiens pour la capture des singes sauvages.

Opercule

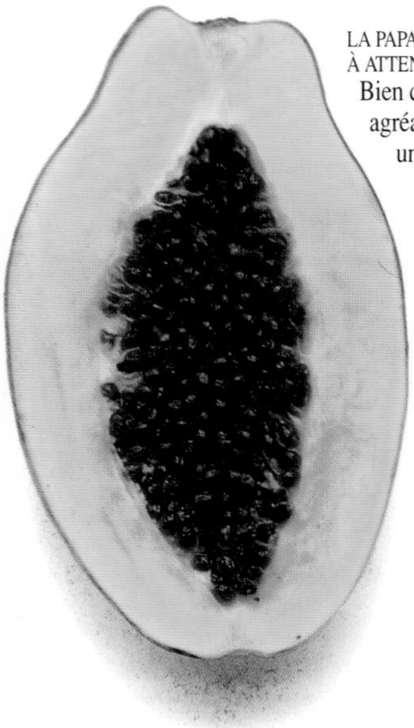

LA PAPAYE : ELLE SERT AUSSI À ATTENDRIR LA VIANDE
Bien que de saveur très agréable, la papaye contient une substance qui dégrade les protéines, la papaïne. Celle-ci, extraite du fruit, est utilisée pour attendrir la viande.

Baobab

UN ARBRE QUI MAIGRIT
Le baobab, arbre spectaculaire, produit des sortes de gousses allongées, en forme de saucisse, contenant des graines riches en vitamines C. Son tronc énorme et enflé est capable d'emmagasiner l'eau. En période de sécheresse, ses réserves d'eau diminuent, et l'arbre s'amincit.

LA MANGUE
Le fruit savoureux du manguier vient d'un arbre originaire du sud-est de l'Asie. On le cultive maintenant partout sous les tropiques.

Palmier dattier

Noix de coco en germination, après une traversée en mer de plusieurs mois

UN FRUIT DU DÉSERT
Le palmier dattier est originaire d'Afrique et du Moyen-Orient. Ses fruits se développent en grappes pendantes, qui peuvent contenir jusqu'à 1 500 dattes.

CACAO ET CHOCOLAT
Les Aztèques ont été les premiers à fabriquer une substance qu'ils appelèrent «chocolatl», le chocolat, à partir de graines contenues dans la cabosse du cacaoyer.

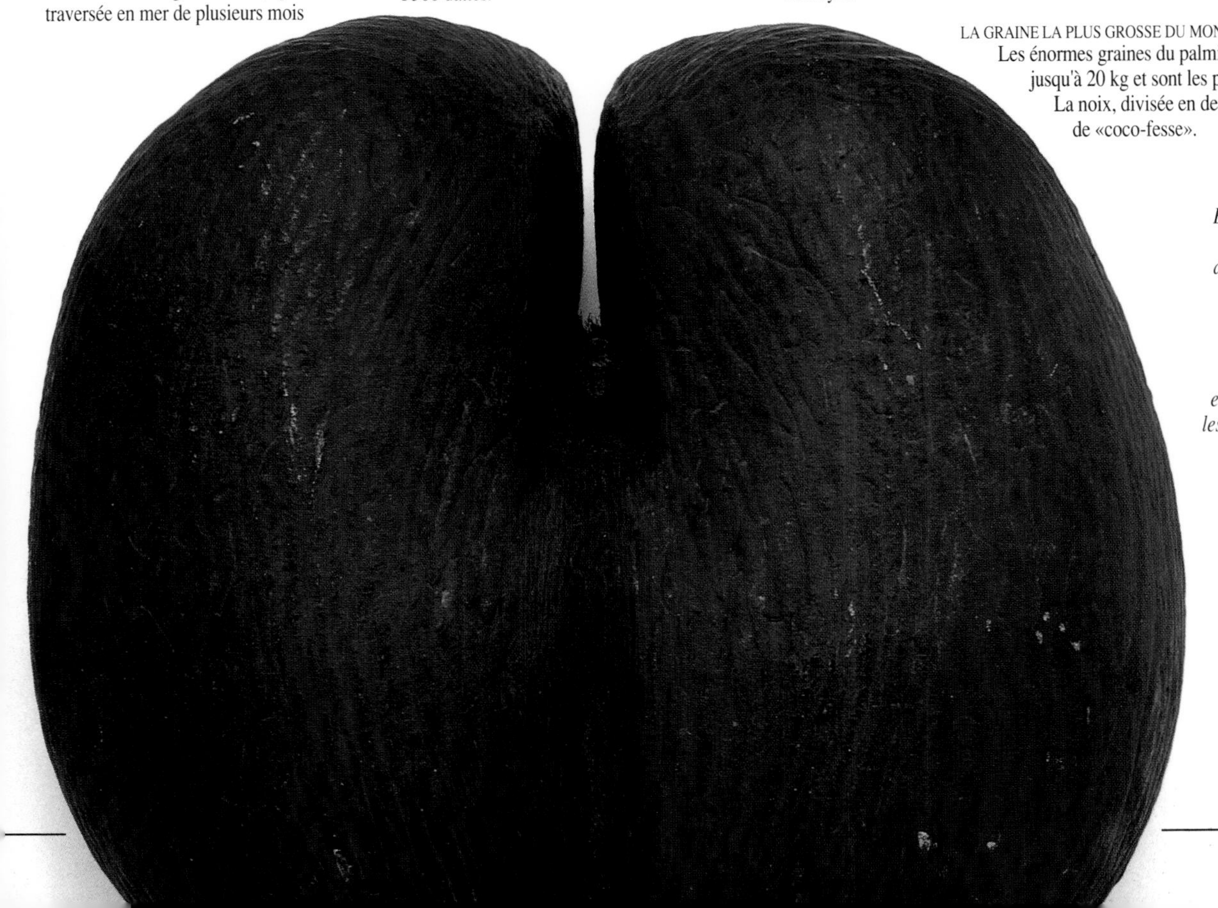

LA GRAINE LA PLUS GROSSE DU MONDE
Les énormes graines du palmier des îles Seychelles pèsent jusqu'à 20 kg et sont les plus grosses graines connues. La noix, divisée en deux lobes, porte parfois le nom de «coco-fesse».

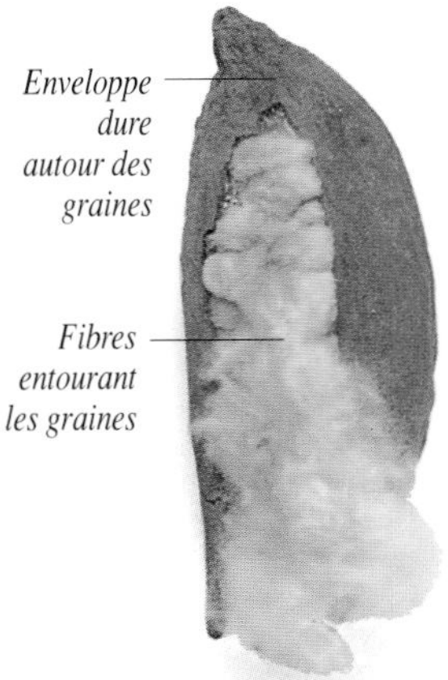

Enveloppe dure autour des graines

Fibres entourant les graines

FIBRES NATURELLES
Avant l'invention des fibres artificielles, on utilisait les fibres du kapokier pour garnir matelas et coussins.

Bec croisé se nourrissant

LES CONIFÈRES PRENNENT LEUR TEMPS

Les conifères mettent plus de temps à mûrir leurs graines que beaucoup d'arbres feuillus. Pendant les mois que dure leur développement, les graines sont protégées par un cône dur. Chez des arbres comme les pins, le cône tombe en entier, quelque temps après avoir libéré ses graines. Chez d'autres, tels que les cèdres, le cône tombe par morceaux.

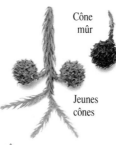

Cône mûr

Jeunes cônes

CÔNES EN POMPON
Les cônes du cryptoméria du Japon sont faciles à reconnaître à leur forme en boule. Chaque écaille est surmontée d'une touffe en plumet.

Jeunes cônes

Cône mûr

DIFFÉRENCE D'ÂGE
Quand les aiguilles du mélèze tombent en automne, on observe au bout des branches les jeunes cônes verdâtres, alors que les cônes anciens, bruns, se situent plus haut sur la branche.

Cônes devenant durs et bruns en mûrissant

Jeunes cônes de «sapin» de Douglas

LE «FAUX» SAPIN
Les vrais sapins ont des cônes dressés qui se désarticulent sur l'arbre. Le «sapin» de Douglas, qui n'est pas un vrai sapin, a des cônes pendants qui tombent en entier sur le sol.

Cône mûr

PETITS CÔNES
Le thuya géant (p. 31) a des grappes de tout petits cônes accrochés entre les feuilles.

UNE COURTE VIE
Les cônes d'épicéa sont lisses et relativement flexibles, contrairement à ceux des pins, très durs. Ils tombent rapidement après avoir disséminé leurs graines.

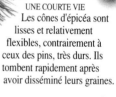

DES CÔNES DE GÉANTS
Le wellingtonia, ou séquoia géant, a des petits cônes en boule qui mettent 2 ans à mûrir.

Jeunes cônes sur le rameau

Cône se désarticulant

Graine ailée

DES CÔNES BIEN VISIBLES
Les cônes de cèdre poussent sur le dessus des branches. Il leur faut 3 ans pour mûrir et des années pour se désarticuler.

Cônes mûrs

CÔNES EN BOULE
Les cônes des *Chamæcyparis* (faux cyprès) sont petits, arrondis et souvent disposés en grappes. Les cônes ci-dessus sont ceux du faux cyprès de Lawson, fréquent dans les jardins. Quand ils sont jeunes, ces cônes sont vert bleuté et complètement clos.

L'OUVERTURE D'UN CÔNE
Les cônes de cyprès ont de 6 à 12 écailles en forme de disque, qui s'écartent progressivement les unes des autres quand le cône mûrit. Ci-dessus, les écailles des gros cônes du cyprès de Lambert.

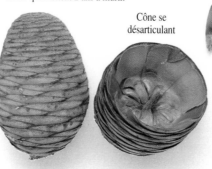

CÔNES EN FORME D'ŒUF
Les cônes de cèdre sont lisses et en forme d'œuf. Ils sont constitués d'écailles empilées en spirale. Sur chaque écaille sont attachées 2 graines. Quand un cône est mûr, le sommet se détache, puis une à une, les écailles tombent sur le sol.

Coque entourant la graine (le pignon)

Jeune cône

Ecaille

Cône mûr

L'INTÉRIEUR D'UN CÔNE DE PIN
Il faut 3 ans pour que la «fleur» femelle du pin se transforme en cône porteur de graines tel que nous le connaissons. Au départ, le cône est tendre et de la grosseur d'un pois, mais après la pollinisation, il grossit et durcit. Durant ce processus, il change également de couleur, passant du vert foncé au brun, au fur et à mesure de la lignification (fabrication de bois) des cellules. Sur chaque écaille du cône se développent 2 graines. Chacune est munie d'une fine ailette, protégée par l'écaille. Chez le pin pignon, ou pin parasol, dont le cône ouvert en deux est illustré ci-dessus, les graines sont grosses et entourées d'une coque dure : ce sont les pignons, utilisés en cuisine.

Jeunes cônes encore verts

Cône mûr

Graines de pin sylvestre

PIN INDIGÈNE
Le pin sylvestre a des cônes petits et pointus. Cette espèce occupe une vaste étendue dans les zones montagneuses et dans le nord de l'Europe, jusqu'en Laponie et en Sibérie.

Ecailles écartées par temps sec

Ecailles complètement fermées par temps de pluie

Ecailles commençant à se fermer, l'air devenant plus humide

«BAROMÈTRE» NATUREL ?
Les cônes de pin sont traditionnellement utilisés pour prévoir le temps. Comme on le voit sur ces cônes, les écailles peuvent être écartées ou étroitement resserrées. Les cônes libèrent leurs graines par temps sec. Quand il fait humide, les écailles se resserrent pour garder les graines bien au sec.

EXTRÉMITÉS BLANCHES
Le pin de Weymouth est un des nombreux pins possédant des cônes allongés et cylindriques, dont la forme ressemble aux cônes d'épicéa. Les marques blanches à l'extrémité des écailles sont dues à la résine qui s'écoule du jeune cône.

Cônes de pin, groupés par deux

Les graines du pin à sucre ont des ailettes de 4 cm de long

CÔNES GROUPÉS
Les cônes de pin développés à partir de «fleurs» femelles poussent en groupes sur les jeunes rameaux. Les cônes pouvant rester sur l'arbre plusieurs années, on peut voir ainsi des branches qui portent des groupes de cônes répartis à intervalles réguliers. On les trouve souvent groupés par deux.

Vieux cône ayant libéré la plupart de ses graines

UN GÉANT CALIFORNIEN
Le pin à sucre, ou pin de Lambert, a les cônes les plus grands parmi les conifères. Ils mesurent habituellement 45 cm de long, mais certains exemplaires peuvent aller jusqu'à 65 cm et peser plus de 500 g. Le pin à sucre vit dans les zones montagneuses de l'ouest des Etats-Unis. Il doit son nom au goût sucré de la résine qu'il exsude.

POUR LEUR CHUTE, LES FEUILLES SE FONT BELLES

Les feuilles doivent leur couleur au pigment vert qu'elles contiennent, la chlorophylle, qui utilise l'énergie du soleil. Pour capter le plus possible la lumière qui leur parvient, les plantes ont souvent des pigments «secondaires». Ceux-ci absorbent la lumière dans d'autres longueurs d'onde et cèdent leur énergie à la chlorophylle. Les principaux pigments secondaires sont : les carotènes, oranges, jaunes ou rouges, les xantophylles, jaunes, et les anthocyanes, pourpres, écarlates et bleus. Avant la chute des feuilles en automne, le dosage de ces pigments se modifie, offrant souvent une somptueuse palette de couleurs.

VARIATIONS CLIMATIQUES
Selon l'arbre et le climat, les feuilles du cerisier deviennent jaunes ou rouges. Selon les années, ces couleurs sont plus ou moins vives.

CULTIVÉS POUR LEURS COULEURS
Certains arbres d'ornement sont plantés spécialement pour leurs couleurs d'automne. Ainsi, les érables sont réputés pour leurs éclatantes teintes à cette saison. Les horticulteurs asiatiques ont tenté d'utiliser et d'accentuer cette particularité chez les délicats érables du Japon.

L'ÉTÉ INDIEN
Les surprenantes couleurs d'automne en Nouvelle-Angleterre sont dues principalement aux chênes et aux érables à sucre.

LA GLOIRE DES JARDINS
La parrotie de Perse, ou «arbre de fer», a les plus belles couleurs d'automne de tous les arbres de jardins. Les rouges, les oranges et les jaunes de ses feuilles sont dus à deux pigments, les carotènes et les anthocyanes. Les carotènes sont ainsi nommés parce qu'ils colorent les carottes en orange. Ils donnent aussi leurs couleurs à bien d'autres légumes, fruits et fleurs.

Couleur jaune, due à un pigment, le carotène

DES FEUILLES ÉPHÉMÈRES
Chaque année, un feuillu comme le marronnier mobilise une énergie importante pour produire ses nouvelles feuilles et s'en débarrasser ensuite. Ainsi, avec une période de vie aussi courte, ces feuilles – même abîmées – ne risquent pas de contaminer l'arbre. A l'inverse des conifères à feuillage persistant, les arbres caducifoliés n'ont besoin ni de résine, ni d'une fine couche de cire pour protéger leurs feuilles.

UNE GAMME DE COULEURS
Plus la quantité de sucres que contient une feuille est importante, plus vives sont ses couleurs d'automne. L'érable plane, un érable européen, pourtant très beau à cette saison, ne peut rivaliser avec l'éclat des érables d'Amérique. En effet, le climat américain, plus contrasté, favorise la fabrication de sucres et donc la production d'anthocyanes.

Bourgeon pour l'année à venir

Pétiole de la feuille

Couche de liège

POURQUOI LES FEUILLES
TOMBENT-ELLES?
Au cours de l'automne, une
couche de liège se développe à
la base du pétiole de la feuille,
provoquant sa mort.

DÉGRADATION DES PIGMENTS
Ces feuilles d'érable jaspé
montrent comment la destruction
de la chlorophylle, qui commence
sur les bords de la feuille,
progresse peu à peu vers le centre.

LES COULEURS D'OUTRE-ATLANTIQUE
La plupart des chênes européens virent au brun terne en
automne, alors qu'en Amérique du Nord les feuilles de certains
chênes rouges deviennent d'un pourpre brillant.

FEUILLES MARCESCENTES
Les feuilles ne tombent pas
toujours immédiatement après leur
mort. Les jeunes hêtres en gardent
tout l'hiver une bonne partie et ne
les perdront qu'au
printemps
suivant.

**Zone contenant
de la chlorophylle**

**Zone sans
chlorophylle**

COMMENT S'ÉVACUENT
LES DÉCHETS
Comme les animaux, les
plantes doivent se
débarrasser de leurs déchets
toxiques. Si les feuilles apportent
des minéraux à l'arbre, elles lui servent aussi de «poubelle»
pour éliminer les déchets en les entraînant dans leur chute. Les
feuilles deviennent alors brunes, telle cette feuille de tulipier.

DESTRUCTION INTERNE
Dans cette foliole de carya, la chlorophylle s'est
dégradée non seulement des bords vers l'intérieur,
mais aussi à partir de la nervure centrale.

L'ÉVOLUTION DES COULEURS
Quand une feuille meurt, ses carotènes subissent une série
de modifications chimiques au cours desquelles ils virent
du jaune à l'orange, puis au rouge. En même temps, des
anthocyanes écarlates sont produits.

LES ARBRES MEURENT LENTEMENT

À partir de l'instant où une graine germe, l'arbre qui se développe vit en contact avec des organismes vivants qui, peut-être, le tueront. Les insectes provoquent des petites blessures dans le bois, le lierre grimpe à l'assaut de son tronc et une pluie mortelle de spores de champignons s'installe sur ses branches, prête à infester la moindre zone affaiblie. Morceau après morceau, les arbres cèdent une partie d'eux-mêmes à leurs assaillants, condamnant leurs branches à pourrir et le cœur de leur tronc à se décomposer, tout en restant en vie. Le combat peut durer des années mais, inexorablement, le bois vivant est détruit peu à peu, jusqu'à ce que, un printemps, la sève ne monte plus : l'arbre est mort.

BOIS PÉTRIFIÉ
La plupart du temps, le bois pourrit, mais s'il est enfoui dans la tourbe ou dans un milieu détrempé, il peut se transformer en bois pétrifié : la forme du bois est alors préservée par les minéraux qui se substituent à ses tissus.

Les cervidés mangent l'écorce des jeunes arbres, coupant la montée de la sève

LE LUTTE POUR LA LUMIÈRE
Le lierre affaiblit les arbres en réduisant la lumière qui parvient aux feuilles. Au fur et à mesure qu'il grimpe, il utilise de fines racines crampons pour s'accrocher sur le tronc et les branches. Ces racines absorbent l'humidité au niveau de l'écorce mais ne pénètrent pas dans le bois.

Des feuilles épaisses et luisantes réduisent la transpiration

TRONC DOUBLE
Le tronc de gauche sur cette photo est en fait la tige d'un vieux pied de lierre.

UN TAPIS VIVANT
Quand le tronc pourrit, il s'imbibe d'eau, comme une éponge, procurant un milieu humide idéal pour la croissance de certaines plantes. Ce tronc mort est couvert de mousses et de fougères ; comme les champignons, elles se développent à partir de spores, minuscules cellules flottant dans l'air, et transportées par le vent.

ET LA POUSSIÈRE REDEVIENDRA POUSSIÈRE…
Quand le bois se décompose, les minéraux qu'il contient retournent dans le sol pour être réabsorbés par les arbres vivants. Dans une forêt d'arbres adultes, croissance et décomposition s'équilibrent parfaitement.

POURRISSEMENT
Le bois vivant possède des défenses chimiques contre les attaques de champignons mais, quand l'arbre meurt, ces défenses se dégradent progressivement et cessent d'être efficaces. Cette branche est le résultat de 5 années de pourrissement sur le sol forestier.

Lucane cerf-volant mâle adulte

Cloporte

MANGEURS DE BOIS
Les larves de lucane cerf-volant se nourrissent de bois en décomposition. Les cloportes mangent surtout des feuilles mortes et divers déchets végétaux, ainsi que des champignons.

Larve de lucane cerf-volant

Frondes toujours vertes de polypodes

Champignons
à chapeau sur du
bois mort

LA VIE SECRÈTE DES CHAMPIGNONS
Les champignons peuvent se nourrir de bois mort ou vivant.
Les carpophores, ou «chapeaux», qui sont produits par
certaines sortes de champignons, n'apparaissent qu'au
moment où celui-ci doit produire des spores. Les longs et
minces filaments par lesquels le champignon se nourrit sont
à l'intérieur du bois, et sont donc invisibles.

DANS LE BOIS MORT
Beaucoup de champignons forestiers
continuent à vivre sur les débris de l'arbre
après sa mort. Ces champignons à chapeau
ont poussé sur une souche en décomposition.

LA MORT RAMPANTE
Une attaque d'armillaires couleur de
miel présage souvent la mort de l'arbre.
Le champignon se multiplie par ses
spores et par de fins filaments
ressemblant à des lacets qui se
développent entre l'écorce et le bois.

PROPAGATION PAR SPORES
Les champignons se
propagent surtout par leurs
spores. La plupart des
carpophores en produisent
sur des lamelles verticales
disposées sous le chapeau.

DES INVITÉS INOFFENSIFS
Les plantes qui vivent sur les
arbres se divisent en deux
catégories. Les parasites,
comme le gui, se nourrissent
de substances nutritives
«volées» à l'arbre hôte. Les
épiphytes, telles ces
broméliacées, n'utilisent
l'arbre que comme support et
ne lui font aucun mal.

Bois

LES POLYPORES
Les nombreuses espèces de polypores poussent sur les arbres vivants ou morts. Bien que leur
croissance soit lente, ils tuent sans doute plus d'arbres que toutes les autres espèces de
champignons réunies. Contrairement à la plupart des champignons à lamelles, les polypores sont
durs et vivent plusieurs années. Habituellement, leurs spores sont émises à partir de pores
arrondis.

Face inférieure
du polypore
montrant les pores
producteurs de
spores

ATTAQUES INTERNES
Les larves de longicornes
causent des dommages aux
arbres en se nourrissant de
bois vivant.

Mousse

FACE À L'ASSAILLANT, L'ARBRE A SES DÉFENSES

Chaque arbre sert de gîte à une multitude de vers nématodes microscopiques, ainsi qu'à des milliers, voire des millions, d'insectes. Sur un chêne adulte, par exemple, on peut en dénombrer jusqu'à 300 espèces ; plus d'une centaine sont des papillons de nuit, dont les chenilles se développent sur ou à l'intérieur de ses feuilles. Pour lutter contre l'épuisement de ses moyens, l'arbre dispose d'armes chimiques et, souvent, produit une seconde pousse de feuilles au milieu de l'été afin de compenser les pertes subies au printemps.

FESTIN DE FEUILLES
Les larves d'insectes dévorent de grandes quantités de feuilles. Certaines, comme celles des coléoptères, ne mangent que les parties les plus tendres, situées entre les nervures.

Cynips adulte

Galle «grosse pomme» du chêne

«Noix de galle» du chêne

La galle tombe de la feuille à la fin de l'été. Les larves se développent dans la litière des feuilles mortes

GALLES DE FEUILLES
Les galles se développent aussi bien sur les feuilles que sur les tiges. Les galles du chêne en forme de bouton, provoquées par une sorte de guêpe, contiennent chacune une seule larve ; les galles en forme de haricot sur les feuilles de saule sont dues à des larves de mouches à scie (tenthrède).

Galles de la feuille du chêne

Galles en forme de haricot sur des feuilles de saule

MÈRES NOURRICIÈRES À LEUR INSU
L'arbre forme des galles en réaction à la présence d'un intrus, souvent une larve de minuscule guêpe. La larve exploite à son profit cette déformation anormale de la plante, en y habitant et en se nourrissant de l'enveloppe protectrice que forme la galle.

«LES INSECTES-FEUILLES»
Ces étranges insectes tropicaux, à l'aspect de feuille, ressemblent aux feuillages au milieu desquels ils vivent, parfaitement camouflés.

UN PRÉDATEUR DES CIMES
La martre des pins est l'un des quelques mammifères prédateurs qui vivent dans la cime des arbres. Elle se nourrit la nuit d'oiseaux perchés, d'insectes et de fruits.

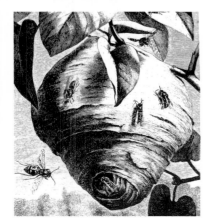

Nid de guêpes suspendu à une branche

Entrée du nid

Enveloppe de papier

UN NID DE PAPIER
Au printemps, la reine des guêpes commence seule la construction du nid. Elle broie des fibres de bois qu'elle mélange à sa salive. En façonnant cette pulpe, elle obtient une enveloppe de papier en forme de coquille, qu'elle suspend à une branche ou qu'elle installe dans un arbre creux. Après l'éclosion des œufs de la première ponte, la reine ne participe plus à la construction du nid. C'est le travail des jeunes guêpes, chargées également de nourrir la reine, qui ensuite pond des œufs en permanence, augmentant ainsi la taille de la colonie.

Noctuelle du pin

Grand mars changeant

Petit sylvain

Bombyx du chêne

PAPILLONS DE JOUR ET DE NUIT
Les chenilles des papillons qui vivent en forêt se nourrissent de feuilles ou de plantes de sous-bois, comme les violettes ou les ronces. La plupart d'entre elles font peu de dégâts, mais la noctuelle du pin est une redoutable ennemie des plantations de conifères.

QUARTIERS D'HIVER
Chaque automne, les papillons monarques d'Amérique du Nord migrent au sud, vers le Mexique, où ils passent l'hiver rassemblés en foule sur le tronc des pins. Tous les monarques de cette partie du monde reviennent chaque année dans les mêmes bois de pins.

ATTAQUES DE CHAMPIGNONS
Les feuilles sont souvent attaquées par des champignons. Ces feuilles de sycomore sont atteintes par la maladie des taches noires, due à un champignon, indice d'un air non pollué.

Les zones infectées noircissent et s'étendent

Les taches de champignon apparaissent peu à peu durant l'été ; plus de la moitié de la feuille peut en être recouverte au moment de sa chute, en automne

Glands attaqués par des balanins (charançons)

Charançon

DES MANGEURS DE GRAINES
Graines et fruits secs sont assaillis par les insectes aussi bien sur l'arbre qu'au sol. Les charançons sont de grands consommateurs de graines. Certains d'entre eux percent les glands à l'aide de leur rostre long et proéminent.

Noisettes mangées par des campagnols

Pinson

UNE MAISON DANS LES BRANCHES
Les branches basses et touffues des petits arbres servent d'abri aux nids d'oiseaux comme le pinson. Celui-ci construit son nid avec des mousses, des lichens et des poils.

Feuille de cerisier mangée par une chenille

Feuille de cerisier minée par une chenille de microlépidoptère

ATTAQUES D'INSECTES
Les chenilles de microlépidoptères sont si petites qu'elles s'installent dans l'épaisseur de la feuille, entre les deux épidermes, creusant une galerie pour se nourrir.

Pupe d'insecte fixée à une feuille de chêne

LES MAMMIFÈRES ARBORICOLES
Les seuls grands mammifères qui vivent et se nourrissent dans les arbres habitent sous les tropiques, là où les arbres ont des feuilles toute l'année. Les feuilles sont relativement indigestes, et l'animal, pour être suffisamment nourri, doit passer la plus grande partie de son temps à manger.

LE PARESSEUX À TROIS DOIGTS
Cet animal bizarre d'Amérique du Sud passe sa vie suspendu aux branches.

KOALA
Les koalas se nourrissent exclusivement de feuilles d'eucalyptus (p. 13).

SINGE HURLEUR
Les singes hurleurs d'Amérique du Sud, lents à se mouvoir, utilisent leur queue comme cinquième membre. Elle les aide à grimper dans la cime des arbres, à la recherche de feuilles.

LA LITIÈRE RECYCLE LES FEUILLES

Chaque automne, un chêne adulte perd environ 250 000 feuilles. D'année en année, elles devraient s'amonceler toujours plus haut au pied des arbres. En fait, elles se morcellent et pourrissent. Elles font alors partie de la litière, couche superficielle du sol constituée de toutes les feuilles mortes et de leurs débris. Une fois recouvertes d'autres feuilles, elles servent de nourriture aux bactéries et aux champignons qui provoquent leur décomposition. À la fin, tous ces résidus se transforment en une substance désagrégée, l'humus, qui procure aux plantes les éléments nécessaires à leur croissance. Ainsi les substances contenues dans les feuilles tombées sont-elles continuellement recyclées.

Squelettes de feuilles de magnolia

SQUELETTES FOLIAIRES
Il arrive que la feuille, commençant à se décomposer, se dessèche avant que les fines nervures et la nervure principale n'aient pourri. Il ne reste alors que le squelette de la feuille.

DISSIMULÉS SOUS LES FEUILLES
Les crapauds hibernent souvent sous une souche, environnés par la litière de feuilles mortes. Bien que n'étant pas véritablement des animaux forestiers, ils trouvent avant d'hiberner une abondante nourriture sur le sol des forêts. En Amérique du Nord, de nombreuses espèces de salamandres se réfugient sous les feuilles humides pendant les chaleurs de l'été.

UNE LITIÈRE COMPOSITE
Cette litière provient d'une forêt constituée de divers feuillus, dont des chênes, des érables et des hêtres. La vitesse de décomposition des feuilles varie selon les espèces. Les feuilles d'érable, par exemple, se décomposent assez vite. L'humidité en accélère le processus.

LITIÈRE DE HÊTRE
Les feuilles de hêtre se décomposent très lentement. Une fois pourries, elles donnent un humus plus acide que celui d'une forêt mélangée.

Collembole, insecte sans ailes

Graines de frêne en germination

Pseudo-scorpion

LE PRODUIT FINAL
Ces débris noirs et granuleux sont de l'humus, formé par les déchets des arbres, complètement transformés.

GRAINES EN GERMINATION
En pourrissant, les feuilles libèrent les substances minérales qu'elles contiennent. Ces substances sont alors absorbées par les plantes, y compris les arbres.

Iule (mille-pattes)

Lithobie (mille-pattes)

Gloméris enroulés en boule

UN MONDE CACHÉ
Les collemboles, consommateurs de déchets, et leurs prédateurs, les pseudo-scorpions, vivent dans la litière.

Thuidium tamariscum
(mousse)

CROISSANCE HORIZONTALE
L'anémone sylvie se
propage grâce à ses tiges
souterraines qui parcourent
l'humus. Les jours de mauvais
temps, ses fleurs délicates
s'inclinent et se ferment pour se
protéger de la pluie.

AMATEURS D'HUMIDITÉ
Les mousses sont des
petites plantes sans fleurs, qui
se reproduisent en libérant des millions de spores minuscules.
De nombreuses mousses vivent dans les bois humides.

FLORAISON
PRÉCOCE
Dans les forêts
caducifoliées, des
plantes herbacées, comme les primevères,
fleurissent au tout début du printemps, avant que
les nouvelles feuilles des arbres ne leur fassent de
l'ombre.

HÉPATIQUES TRILOBÉES
Ces plantes simplifiées
ne font pas de fleurs. On
les trouve dans les forêts
humides et sur les berges
des cours d'eau.

Fourmi ailée

Nid de fourmis
rouges

DES BÂTISSEURS
DANS LES BOIS
Dans les forêts composées
d'arbres à feuilles caduques,
la plupart des espèces de
fourmis font leur nid sous
les troncs morts et les
souches d'arbre. Dans
les forêts de conifères,
les fourmis rouges
construisent
d'importants
monticules d'aiguilles
de pin.

ESCARGOTS RAYÉS
Le dessin et les couleurs des coquilles de
ces escargots servent de camouflage.

LE SOL DES FORÊTS DE CONIFÈRES

Les aiguilles et les écailles des conifères se décomposent plus
lentement que les feuilles des feuillus, et l'humus qu'elles produisent est
assez acide. Ajoutée à l'ombre qui règne en toutes saisons dans les
épaisses forêts de conifères, l'acidité de la litière empêche de
nombreuses plantes de pousser. Là où des trouées entre les arbres
laissent passer la lumière, des plantes tolérant l'acidité, comme les
fougères, se développent. En automne, des champignons, dont bon
nombre de vénéneux, prospèrent dans cette litière d'aiguilles.

Frondes de
fougères se
déroulant au
printemps

Champignons forestiers

Cône rongé par un
écureuil

Carabes

Litière d'aiguilles de pins

Myrtille en
fleur

IL PLEUT DE L'ACIDE SUR NOS FORÊTS

Les mécanismes complexes nécessaires à la croissance de l'arbre ne fonctionnent efficacement que dans un air pur. Mais aujourd'hui, l'air est souvent pollué par les gaz d'échappement des voitures et les vapeurs des usines et des centrales thermiques. Ces fumées montent dans l'atmosphère et se mélangent à l'eau ainsi qu'à d'autres substances chimiques, en donnant des pluies acides. Tous les aspects de ce processus ne sont pas encore connus, mais il est presque certain que les pluies acides provoquent le dépérissement de nombreuses forêts.

UNE FORÊT QUI DÉPÉRIT
Les dégâts causés par les pluies acides ont été observés pour la première fois au début des années 70, principalement à travers leurs effets désastreux sur la vie sauvage des grands lacs de Scandinavie. Depuis, elles ont frappé les forêts de conifères d'Europe centrale, particulièrement en Allemagne et en Suisse. C'est aussi un problème croissant en Amérique du Nord, en particulier dans le nord-est des Etats-Unis et l'est du Canada.

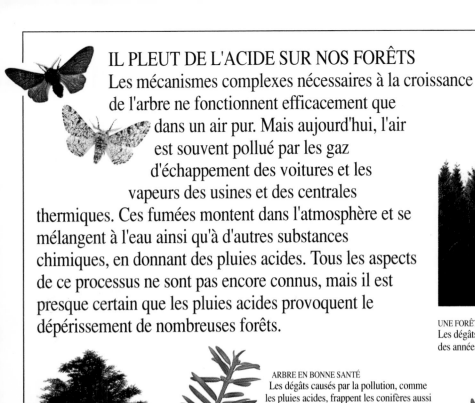

ARBRE EN BONNE SANTÉ
Les dégâts causés par la pollution, comme les pluies acides, frappent les conifères aussi bien que les feuillus. On les observe plus facilement sur des conifères comme l'if, en raison de la persistance sur l'arbre des écailles et des aiguilles, pendant plusieurs années. Ce qui implique que tout symptôme de dépérissement a une chance de s'installer durablement.

UN AVENIR INCERTAIN
Les ifs des cimetières sont souvent centenaires. Désormais, les pluies acides, dues à la pollution, menacent leur survie.

Longues pousses saines, signes d'une croissance normale

Les feuilles sont décolorées : c'est peut-être une conséquence directe des pluies acides ou de la diminution de la couche d'ozone atmosphérique, ce qui bouleverse la chimie des feuilles

La couleur vert foncé prouve que la feuille est pleine de chlorophylle, substance indispensable pour utiliser l'énergie du soleil (pp. 26 et 46)

Lorsque les feuilles sont en bonne santé, elles garnissent les branches et les rameaux tout entiers

ARBRES DES VILLES
Les platanes de Londres se portent mieux dans l'atmosphère polluée de la ville que beaucoup d'autres espèces. Alors que la plupart des arbres noircissent à cause des poussières, le platane perd la couche la plus externe de son écorce en larges plaques, laissant apparaître la nouvelle écorce sous-jacente, couleur crème.

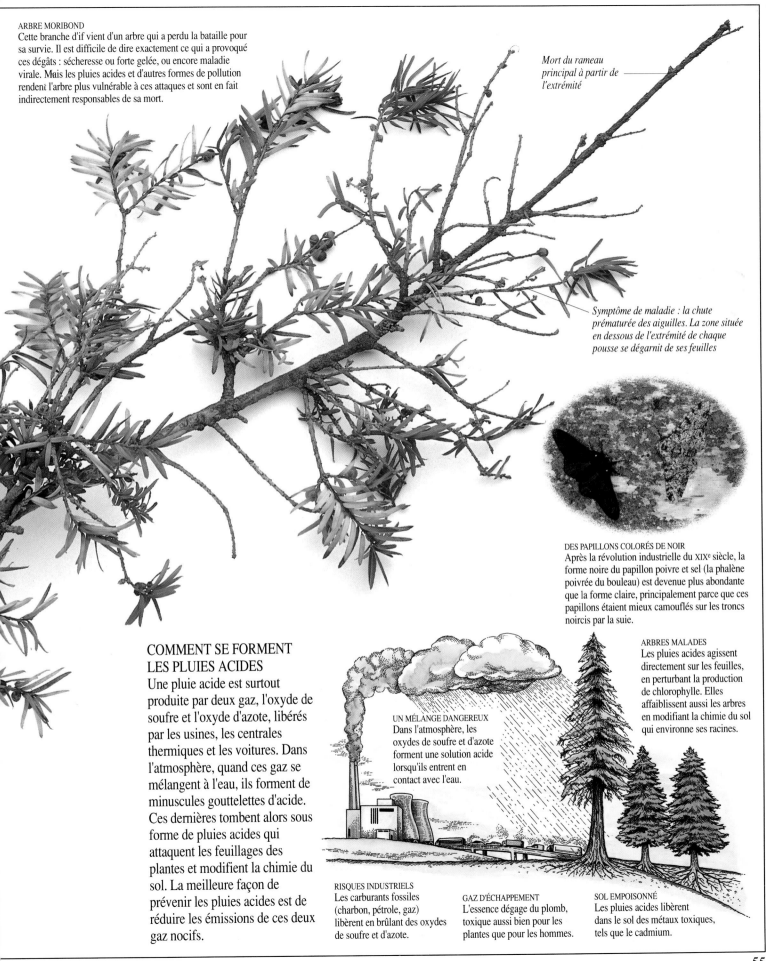

ARBRE MORIBOND
Cette branche d'if vient d'un arbre qui a perdu la bataille pour sa survie. Il est difficile de dire exactement ce qui a provoqué ces dégâts : sécheresse ou forte gelée, ou encore maladie virale. Mais les pluies acides et d'autres formes de pollution rendent l'arbre plus vulnérable à ces attaques et sont en fait indirectement responsables de sa mort.

Mort du rameau principal à partir de l'extrémité

Symptôme de maladie : la chute prématurée des aiguilles. La zone située en dessous de l'extrémité de chaque pousse se dégarnit de ses feuilles

DES PAPILLONS COLORÉS DE NOIR
Après la révolution industrielle du XIXe siècle, la forme noire du papillon poivre et sel (la phalène poivrée du bouleau) est devenue plus abondante que la forme claire, principalement parce que ces papillons étaient mieux camouflés sur les troncs noircis par la suie.

COMMENT SE FORMENT LES PLUIES ACIDES
Une pluie acide est surtout produite par deux gaz, l'oxyde de soufre et l'oxyde d'azote, libérés par les usines, les centrales thermiques et les voitures. Dans l'atmosphère, quand ces gaz se mélangent à l'eau, ils forment de minuscules gouttelettes d'acide. Ces dernières tombent alors sous forme de pluies acides qui attaquent les feuillages des plantes et modifient la chimie du sol. La meilleure façon de prévenir les pluies acides est de réduire les émissions de ces deux gaz nocifs.

UN MÉLANGE DANGEREUX
Dans l'atmosphère, les oxydes de soufre et d'azote forment une solution acide lorsqu'ils entrent en contact avec l'eau.

ARBRES MALADES
Les pluies acides agissent directement sur les feuilles, en perturbant la production de chlorophylle. Elles affaiblissent aussi les arbres en modifiant la chimie du sol qui environne ses racines.

RISQUES INDUSTRIELS
Les carburants fossiles (charbon, pétrole, gaz) libèrent en brûlant des oxydes de soufre et d'azote.

GAZ D'ÉCHAPPEMENT
L'essence dégage du plomb, toxique aussi bien pour les plantes que pour les hommes.

SOL EMPOISONNÉ
Les pluies acides libèrent dans le sol des métaux toxiques, tels que le cadmium.

55

TOUT EST BON DANS L'ARBRE

Avant l'arrivée des machines à vapeur, puis des moteurs à essence, la transformation des arbres en bois de construction était une activité extrêmement laborieuse. Abattre l'arbre à la hache était la partie la plus facile ; la bille de bois devait ensuite être sciée à la main, ce qui durait plusieurs jours. Aujourd'hui, les scies électriques viennent vite à bout des plus gros arbres qui sont ensuite transportés vers la scierie par d'immenses grumiers à mâchoires hydrauliques. Une fois à la scierie, le tronc est chargé dans un banc de sciage et tranché en planches.

La façon dont le tronc est débité dépend du type de bois et de l'usage auquel il est destiné. Deux méthodes simples de sciage sont illustrées ici. Il en existe beaucoup d'autres, comme le sciage «autour de la grume», qui produit un échantillonnage de planches et de petites poutres. Tout est conçu pour tirer le meilleur parti d'une bille de bois de bonne qualité. Rien n'est gaspillé : même les déchets sont transformés en particules ou en pulpe utilisables.

FLOTTAGE DU BOIS AU PRINTEMPS
En Amérique du Nord et en Scandinavie, la force de l'eau était traditionnellement utilisée pour transporter les grumes vers la scierie. Démêler un enchevêtrement de troncs était un travail délicat qui demandait un bon équilibre. Le transport de grumes tel qu'on le voit ci-dessus causait de gros dégâts à l'environnement, dans le lit et sur les berges des rivières. Actuellement, cela ne se pratique plus que très rarement.

SCIERIE EN FORÊT
Au fur et à mesure que les colons d'Amérique du Nord se déplaçaient vers l'ouest, ils établissaient des camps d'exploitation et des scieries pour se procurer le bois nécessaire à la construction de leurs maisons, de leurs granges et de leurs chariots.

SCIÉ DE BOUT EN BOUT
C'est la façon la plus simple de scier une grume. Cependant, ce mode de sciage en suivant le fil du bois entraîne un risque de déformation des planches. Aussi ne l'utilise-t-on que rarement avec des bois précieux.

Le sens du fil du bois varie selon les différentes planches

SCIAGE EN QUARTIERS
Cette méthode de sciage compliquée produit
une quantité non négligeable de chutes,
mais les planches obtenues ont une
veine décorative et ne se
déforment pas.

LE TRAVAIL DU BOIS
Les troncs sont sciés encore «verts», c'est-à-dire pleins de
sève. Avant d'être utilisé, le bois d'œuvre doit d'abord être
mis à sécher, ce qui peut durer un an, à moins d'accélérer
le processus grâce à une étuve qui évitera les risques de
moisissure. Le bois séché est alors scié de nouveau en
morceaux «travaillables». Cette gravure de l'atelier
d'un ébéniste montre les étapes finales de la filière
du bois : rabotage, gravure, collage et assemblage.

LES BOIS DE PLACAGE
Un placage est une fine lamelle de bois. Les
placages de bois dur et précieux sont utilisés
pour la décoration. On en recouvre des bois
d'œuvre moins chers. Les placages de bois
tendre sont collés en panneaux-sandwiches
pour former du contre-plaqué. Le bois de
placage est traditionnellement coupé de trois
façons différentes.

TRANCHAGE
Pratiqué avec
des bois tels que le
noyer et l'érable, il permet d'obtenir un
motif veineux décoratif.

*Planches radiales dont
la surface est
perpendiculaire aux
cernes de croissance*

SCIAGE
On utilise la
scie circulaire
uniquement pour des bois particulièrement
durs.

*Ces parties seront ensuite
coupées en planches plus
petites*

DÉROULAGE
De nombreux placages sont
obtenus en faisant tourner
la bille de bois contre une
lame immobile. On déroule
ainsi une seule feuille de
bois, longue et continue.

BOIS DURS ET BOIS TENDRES CACHENT DES CENTAINES DE VARIÉTÉS

Ceux qui travaillent le bois le divisent traditionnellement en deux catégories : le «bois dur» des arbres feuillus et le «bois tendre» des conifères. Cette classification est parfois arbitraire. L'if, en tant que conifère, devrait faire partie des «bois tendres», alors qu'il est aussi dur que du chêne. Inversement, le balsa, en qualité de feuillu, devrait avoir un bois dur... Il existe des centaines de bois d'œuvre très différents produits dans le monde entier et dont quelques échantillons sont reproduits ici. Le plus lourd est issu d'un arbre africain apparenté à l'olivier. Il est si dense qu'il coule comme une pierre si on le met dans l'eau. À l'opposé, le balsa est si léger que 10 centimètres cubes ne pèsent pas plus de 40 grammes.

Bois sculpté
mélanésien

Coloration légèrement rosâtre, typique du merisier fraîchement coupé

Bois de merisier raboté

If raboté

Veines rapprochées, dues à une croissance lente

If non raboté

Nœud

Nœuds denses, typiques du bois d'if

LE BOIS DONT ON FAIT LES ARCS
L'if pousse très lentement, ce qui lui donne son poids et sa résistance. Ses branches fines et souples étaient autrefois utilisées pour faire des arcs. Actuellement, le bois des troncs d'if est souvent débité en fines lamelles et peut servir en placage décoratif.

LES MÂTS DE COCAGNE
La tradition date de l'ère païenne. Les mâts autour desquels on danse sont taillés dans des arbres divers.

CHANGEMENTS DE COULEUR
Le bois change souvent de couleur quand il est exposé à l'air. Une coupe fraîche de merisier est claire, à peine nuancée de rose. Plus le temps passe, plus ce bois s'assombrit ; ainsi les meubles anciens en merisier prennent une teinte rouge foncé.

LE BOIS DES ARMURIERS
La belle couleur et la veine ondulée du noyer poli en font un des matériaux les plus recherchés par les ébénistes. Ce bois est aussi traditionnellement utilisé pour la fabrication des crosses de fusil, car on peut lui donner, en le travaillant, des formes bien adaptées et, après le coup de feu, il supporte le recul sans se fendre.

LE MÉLÈZE À TOUT FAIRE
Si l'on recherche du bois résistant et bon marché, le mélèze est le choix idéal. La meilleure qualité de ce bois est exploitée dans l'ameublement et la construction de bateaux. Tout ce qui reste est transformé en pulpe, utilisée dans les usines de pâte à papier.

Noyer poli

Noyer non poli

Cernes de croissance bien visibles dans du bois raboté

Le mélèze brut, non raboté, est utilisé dans la construction

Cernes de croissance bien visibles, mis en évidence par le polissage

Carya non poli

Veines «entrelacées», ou en bandes disposées dans différentes directions, caractéristiques des bois tropicaux

Bois non poli dont la couleur est due à une longue exposition à l'air

UN AMORTISSEUR NATUREL DES CHOCS
Il faut vraiment frapper très fort pour casser un morceau de bois de frêne ; c'est le bois idéal pour fabriquer des manches de bêche ou de hache. On l'utilisa pendant des siècles en Europe, jusqu'à ce que l'on importe d'Amérique du Nord du bois de carya, qui amortit encore mieux les chocs que le frêne.

UN ARTISAN QUALIFIÉ
Cette gravure fait partie d'une série qui représente différents métiers et techniques. Elle montre un tourneur, artisan qui travaille le bois en faisant tourner les objets sur un tour à bois. Les extraordinaires chaises et tabourets retrouvés dans les tombes égyptiennes prouvent que cette technique remonte à plus de 2000 ans avant notre ère.

LE TRÉSOR DES TROPIQUES
Au XVIᵉ siècle, des marins espagnols rapportèrent des Caraïbes du bois d'acajou au roi Philippe II. Dès lors, il devint très à la mode. 400 ans d'exploitation inconsidérée ont épuisé pratiquement toutes les réserves d'acajou sauvage, et aussi, pour leurs bois durs, certaines des meilleures forêts du monde.

Iroko poli

Des substances chimiques naturelles protègent l'iroko des attaques de champignons

Iroko non poli

Chêne poli

Les vaisseaux conducteurs de sève apparaissent sous forme de fines bandes poreuses dans le grain du chêne

Chêne non poli

LA RÉSISTANCE AUX INTEMPÉRIES
Les bois n'ont pas tous la même résistance à la pluie et à la pourriture. Un banc de jardin en hêtre peut s'effondrer en quelques années, tandis qu'un autre en bois tropical d'iroko durera plusieurs décennies. L'iroko est souvent utilisé à la place du teck.

CŒUR DE CHÊNE
Le chêne est l'un des bois d'œuvre les plus solides et les plus résistants. Les énormes poutres de chêne étaient utilisées autrefois dans la construction.

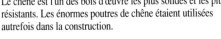

LA FORÊT SE SOIGNE ET SE GÈRE

Depuis l'Antiquité, l'homme s'occupe de gérer les forêts naturelles, principalement au moyen de techniques telles que le taillis (les arbres sont régulièrement coupés au ras du sol), l'étêtage (on taille la tête de l'arbre), et l'abattage sélectif des arbres. Ainsi, on obtient une production renouvelable de différents types de bois d'œuvre. Les premières plantations d'arbres furent probablement réalisées à partir d'espèces telles que le palmier dattier et l'olivier (pp. 39 et 43), cultivés pour leurs fruits. La sylviculture consiste à maintenir les forêts vigoureuses et en bonne santé. L'éclaircie des arbres réduit la compétition pour la lumière et la nourriture, permettant à ceux qui restent de mieux pousser. La taille et le greffage forment l'arbre, évitent les maladies et augmentent le rendement en fruits.

LA GREFFE
En greffant les rameaux d'un arbre sur les branches ou sur le tronc d'un autre arbre, il est possible d'améliorer certains caractères, comme la production de fruits sains ou la solidité du tronc.

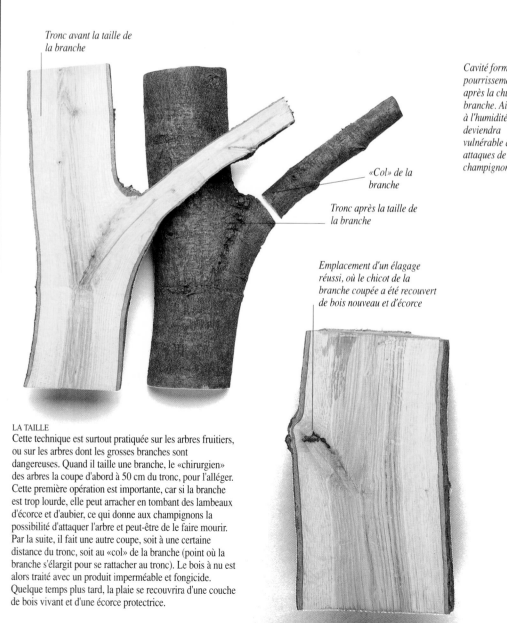

Tronc avant la taille de la branche

«Col» de la branche

Tronc après la taille de la branche

Cavité formée par le pourrissement du bois, après la chute d'une branche. Ainsi exposé à l'humidité, l'arbre deviendra vulnérable aux attaques de champignons

Emplacement d'un élagage réussi, où le chicot de la branche coupée a été recouvert de bois nouveau et d'écorce

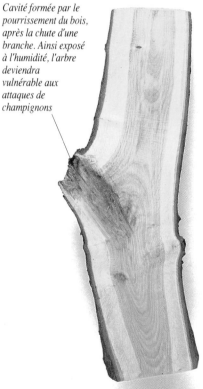

LA TAILLE
Cette technique est surtout pratiquée sur les arbres fruitiers, ou sur les arbres dont les grosses branches sont dangereuses. Quand il taille une branche, le «chirurgien» des arbres la coupe d'abord à 50 cm du tronc, pour l'alléger. Cette première opération est importante, car si la branche est trop lourde, elle peut arracher en tombant des lambeaux d'écorce et d'aubier, ce qui donne aux champignons la possibilité d'attaquer l'arbre et peut-être de le faire mourir. Par la suite, il fait une autre coupe, soit à une certaine distance du tronc, soit au «col» de la branche (point où la branche s'élargit pour se rattacher au tronc). Le bois à nu est alors traité avec un produit imperméable et fongicide. Quelque temps plus tard, la plaie se recouvrira d'une couche de bois vivant et d'une écorce protectrice.

PIÈGES À EAU
Là où les branches se sont cassées et n'ont pas été soignées, des cavités peuvent se former et retenir l'eau de pluie. Le bois pourri doit être curé, puis la cavité traitée et rebouchée. De même, si la fourche des branches forme un creux, l'eau s'y maintient et favorise les attaques de champignons. Ce genre de «piège à eau» peut être supprimé en perforant un canal de drainage à travers le bois ou en insérant de façon permanente un tube métallique qui évacue l'eau.

CONDUITE EN TAILLIS ET EN TÊTARD

Les arbres traités en taillis sont coupés régulièrement à la base et forment ainsi une touffe de tiges bien droites qui peuvent être récoltées et utilisées comme perches ou piquets de clôture. Les arbres traités en têtard ont régulièrement leur sommet coupé. Les pousses deviennent des branches droites et longues, trop hautes pour être endommagées par le bétail ou les cervidés.

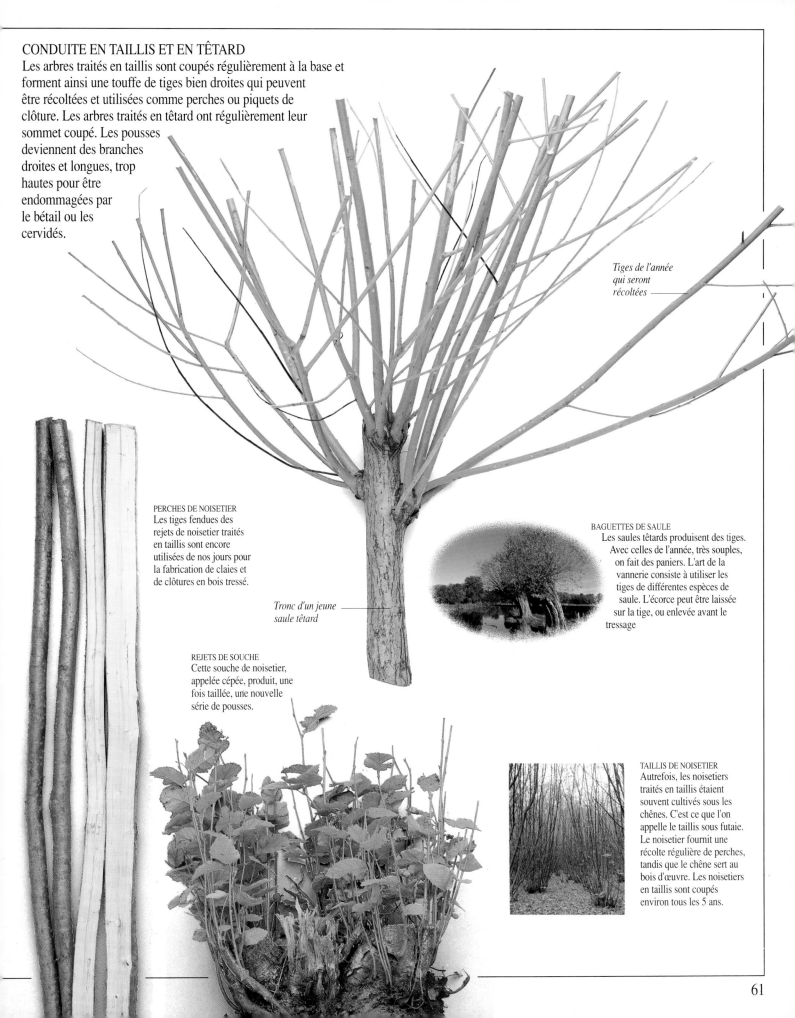

Tiges de l'année qui seront récoltées

PERCHES DE NOISETIER
Les tiges fendues des rejets de noisetier traités en taillis sont encore utilisées de nos jours pour la fabrication de claies et de clôtures en bois tressé.

Tronc d'un jeune saule têtard

BAGUETTES DE SAULE
Les saules têtards produisent des tiges. Avec celles de l'année, très souples, on fait des paniers. L'art de la vannerie consiste à utiliser les tiges de différentes espèces de saule. L'écorce peut être laissée sur la tige, ou enlevée avant le tressage

REJETS DE SOUCHE
Cette souche de noisetier, appelée cépée, produit, une fois taillée, une nouvelle série de pousses.

TAILLIS DE NOISETIER
Autrefois, les noisetiers traités en taillis étaient souvent cultivés sous les chênes. C'est ce que l'on appelle le taillis sous futaie. Le noisetier fournit une récolte régulière de perches, tandis que le chêne sert au bois d'œuvre. Les noisetiers en taillis sont coupés environ tous les 5 ans.

Le botaniste sir Joseph Dalton Hooker (1817-1911), recueillant des arbres et des plantes dans l'Himalaya

LES ARBRES VOUS ATTENDENT

Pour qui s'intéresse aux sciences naturelles, l'observation des arbres au fil de l'année peut être un passe-temps passionnant. Les arbres ont deux caractéristiques évidentes : contrairement aux animaux, ils ne se déplacent pas et, à l'inverse des autres plantes, ils ne disparaissent pas l'hiver. On peut donc suivre aisément leur évolution tout au long de l'année. Comme les différentes parties des arbres peuvent être séchées et conservées presque indéfiniment, il est facile de constituer une collection qui vous aidera à comprendre la façon dont ils vivent.

Une gamme de crayons de couleur est utile pour faire le «portrait» d'un arbre

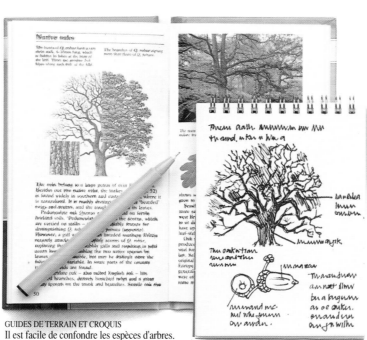

GUIDES DE TERRAIN ET CROQUIS
Il est facile de confondre les espèces d'arbres.
Un bon guide de terrain vous aidera à les identifier et vous donnera d'intéressantes informations. Mais c'est en les dessinant que vous étudierez le mieux leurs différentes silhouettes caractéristiques.

Loupe incassable pour l'extérieur

Grosse loupe à utiliser à l'intérieur

L'ARBRE VU DE PRÈS
Une loupe vous permettra de voir des structures comme les différentes parties des fleurs en chaton, ou les minuscules graines, telles que celles du bouleau.

PHOTOS
C'est une bonne méthode pour étudier les mêmes arbres aux différentes saisons.

Les sacs en plastique sont utiles pour la récolte sur le terrain, mais les sacs en papier qui ne retiennent pas les moisissures sont préférables pour la conservation

Grands sacs en plastique pour la récolte de feuilles de la litière ou de graines

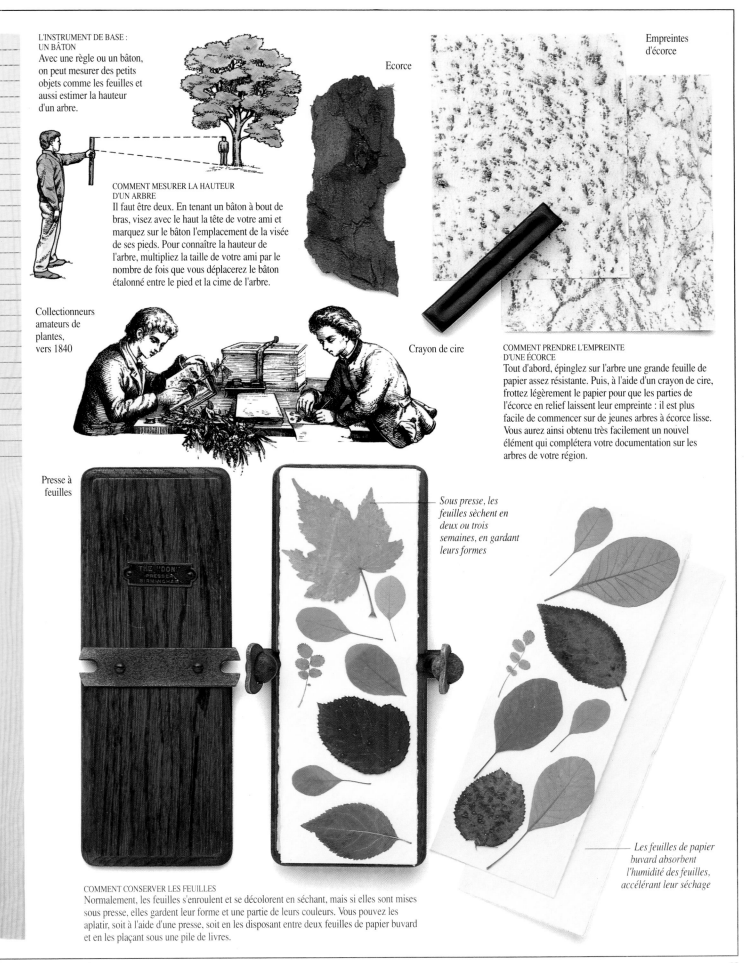

**L'INSTRUMENT DE BASE :
UN BÂTON**
Avec une règle ou un bâton,
on peut mesurer des petits
objets comme les feuilles et
aussi estimer la hauteur
d'un arbre.

Ecorce

Empreintes
d'écorce

**COMMENT MESURER LA HAUTEUR
D'UN ARBRE**
Il faut être deux. En tenant un bâton à bout de
bras, visez avec le haut la tête de votre ami et
marquez sur le bâton l'emplacement de la visée
de ses pieds. Pour connaître la hauteur de
l'arbre, multipliez la taille de votre ami par le
nombre de fois que vous déplacerez le bâton
étalonné entre le pied et la cime de l'arbre.

Collectionneurs
amateurs de
plantes,
vers 1840

Crayon de cire

**COMMENT PRENDRE L'EMPREINTE
D'UNE ÉCORCE**
Tout d'abord, épinglez sur l'arbre une grande feuille de
papier assez résistante. Puis, à l'aide d'un crayon de cire,
frottez légèrement le papier pour que les parties de
l'écorce en relief laissent leur empreinte : il est plus
facile de commencer sur de jeunes arbres à écorce lisse.
Vous aurez ainsi obtenu très facilement un nouvel
élément qui complétera votre documentation sur les
arbres de votre région.

Presse à
feuilles

*Sous presse, les
feuilles sèchent en
deux ou trois
semaines, en gardant
leurs formes*

*Les feuilles de papier
buvard absorbent
l'humidité des feuilles,
accélérant leur séchage*

COMMENT CONSERVER LES FEUILLES
Normalement, les feuilles s'enroulent et se décolorent en séchant, mais si elles sont mises
sous presse, elles gardent leur forme et une partie de leurs couleurs. Vous pouvez les
aplatir, soit à l'aide d'une presse, soit en les disposant entre deux feuilles de papier buvard
et en les plaçant sous une pile de livres.

INDEX

NOTE

L'auteur et Dorling Kindersley tiennent à remercier : le conservateur et l'équipe de l'Arboretum de Westonbird; Simon White du Botanic Gardens, Bath; Linda Gamlin; George Wiltshire; la Forestry Commission, Alice Holt Lodge; Marika Rae pour ses conseils et la contribution inestimable qu'elle a apportée en fournissant de nombreux spécimens pour les photos; Ken Day pour les pages sur le travail du bois; Arthur Chater, Caroline Whiteford, Gary Summons et Chris Owen du Natural History Museum, Londres; Ray Owen pour les illustrations; Gabrielle Bamford pour la saisie du texte anglais; et pour l'édition française, Marc Simon, micro-informatique.

ICONOGRAPHIE

h = haut; b = bas;
m = milieu; g = gauche; d = droite

Heather Angel : 18b; 61b
BPCC/Aldus Archive : 7b; 12mg, d; 22h; 45h
Chris Beetles Ltd : 10m
G.-I. Bernard/Oxford Scientific Films : 24md
Bridgeman Art Library/Bonhams : 6bg
Dr Jeremy Burgess/Science Photo Library : 32b
Jane Burton/Bruce Coleman Ltd : 24mg
Robert Burton/Bruce Coleman Ltd : 48m
Jim Clare/Partridge Films Ltd/OSF : 20mg, md
Eric Crichton/Bruce Coleman Ltd : 32m; 36m
Stephen Dalton/NHPA : 21mb
J. Deane/Bruce Coleman Ltd : 21h
Mansell Collection : 19b; 41b; 53h
Mary Evans Picture Library : 6bd; 12h; 23h; 37m; 38h; 43md; 51m, bd; 56hg; 57h; 59; 60h; 62h
Fine Art Photographic Library : 8m; 11b
Jeff Foott/Bruce Coleman Ltd : 51h
John Freeman : 56hd
Linda Gamlin : 16hg
David Grewcock/Frank Lane : 48hd
Brian Hawkes/NHPA : 16b
Michael Holford : 6h; 58h
Eric et David Hosking : 16md; 21hm
E.-A. James/NHPA : 9md
J. Koivula/Science Source : 23m
Frank Lane : 16mg; 50mg
R.-P. Lawrence/Frank Lane : 24b
Laura Lushington/Sonia Halliday Photographs : 42d
John Mason/Ardea : 49m
G.-A. Mather/Robert Harding : 16hd
G.-J. H. Moon/Frank Lane : 9 mg
M. Newman/Frank Lane : 48hg
Fritz Prensel/Bruce Coleman Ltd : 13h
Hans Reinhard/Bruce Coleman Ltd : 19m; 21b; 50md
Silvestris/Frank Lane : 54
Kim Taylor/Bruce Coleman Ltd : 53b; 55
Roger Tidman/Frank Lane : 61m
Roger Tidman/NHPA : 14
Norman Tomalin/Bruce Coleman Ltd : 18m
L. West/Frank Lane : 46
Christian Zuber/Bruce Coleman Ltd : 42mg

Illustrations de Coral Mula, Mick Loates et David More, de Linden Artists

Recherche iconographique de Millie Trowbridge